Administração de marketing

no mundo contemporâneo

Central de Qualidade — FGV Management
ouvidoria@fgv.br

PUBLICAÇÕES
FGV Management

SÉRIE MARKETING

Administração de marketing

no mundo contemporâneo

4ª edição

Roberto Pessoa Madruga

Ben Thion Chi

Marcos Licínio da Costa Simões

Ricardo Franco Teixeira

FGV management

FGV EDITORA

Direitos desta edição reservados à
EDITORA FGV
Rua Jornalista Orlando Dantas, 37
22231-010 — Rio de Janeiro, RJ — Brasil
Tels.: 0800-021-7777 — 21-3799-4427
Fax: 21-3799-4430
e-mail: editora@fgv.br — pedidoseditora@fgv.br
www.fgv.br/editora

Impresso no Brasil/Printed in Brazil

1ª edição — 2004
2ª edição — 2006
3ª edição revista e atualizada — 2006
1ª reimpressão — 2007
2ª e 3ª reimpressões — 2008
4ª reimpressão — 2009
5ª reimpressão — 2010
4ª edição — 2011

Preparação de originais: Sandra Frank
Editoração eletrônica: FA Editoração Eletrônica
Revisão: Andrea Bivar e Sandro Gomes dos Santos
Capa: aspecto:design
Ilustração de capa: Romero Cavalcanti

Madruga, Roberto Pessoa
Administração de marketing no mundo contemporâneo / Roberto Pessoa Madruga... [et al.]. – 4. ed. – Rio de Janeiro: Editora FGV, 2011.
148 p. – (Marketing (FGV Management))

Em colaboração com Ben Thion Chi, Marcos Licínio da Costa Simões, Ricardo Franco Teixeira.
Publicações FGV Management.
Inclui bibliografia.
ISBN: 978-85-225-0874-7

1. Marketing. 2. Administração mercadológica. I. Chi, Ben Thion. II. Simões, Marcos Licínio da Costa. III. Teixeira, Ricardo Franco. IV. FGV Management. V. Fundação Getulio Vargas. VI. Título. VII. Série.

CDD-658.8

Aos nossos alunos e aos nossos colegas docentes, que nos levam a pensar e repensar as nossas práticas.

Sumário

Apresentação

Este livro compõe as Publicações FGV Management, programa de educação continuada da Fundação Getulio Vargas (FGV).

Instituição de direito privado com mais de meio século de existência, a FGV vem gerando conhecimento por meio da pesquisa, transmitindo informações e formando habilidades por meio da educação, prestando assistência técnica às organizações e contribuindo para um Brasil sustentável e competitivo no cenário internacional.

A estrutura acadêmica da FGV é composta por oito escolas e institutos: a Escola Brasileira de Administração Pública e de Empresas (Ebape), dirigida pelo professor Flavio Carvalho de Vasconcelos; a Escola de Administração de Empresas de São Paulo (Eaesp), dirigida pela professora Maria Tereza Leme Fleury; a Escola de Pós-Graduação em Economia (EPGE), dirigida pelo professor Rubens Penha Cysne; o Centro de Pesquisa e Documentação de História Contemporânea do Brasil (Cpdoc), dirigido pelo professor Celso Castro; a Escola de Direito de São Paulo (Direito GV), dirigida pelo professor Ary Oswaldo Mattos Filho; a Escola de Direito do Rio de Janeiro (Direito Rio), dirigida pelo professor Joaquim Falcão; a Escola de Economia de São Paulo (Eesp), dirigida pelo professor Yoshiaki Nakano; o Instituto Brasileiro de Economia (Ibre), dirigido pelo professor Luiz Guilherme Schymura de Oliveira. São diversas unidades com a marca FGV, trabalhando com a mesma filosofia: gerar e disseminar o conhecimento pelo país.

Dentro de suas áreas específicas de conhecimento, cada escola é responsável pela criação e elaboração dos cursos oferecidos pelo Instituto de Desenvolvimento Educacional (IDE), criado em 2003 com o objetivo de coordenar e gerenciar uma rede de distribuição única para os produtos e serviços educacionais da FGV, por meio de suas escolas. Dirigido pelo professor Clovis de Faro e contando com a direção acadêmica do professor Carlos Osmar Bertero, o IDE engloba o programa FGV Management e sua rede conveniada, distribuída em todo o país (ver www.fgv.br/fgvmanagement), o programa de ensino a distância FGV Online (ver www.fgv.br/fgvonline), a Central de Qualidade e Inteligência de Negócios e o Programa de Cursos Corporativos In Company. Por meio de seus programas, o IDE desenvolve soluções em educação presencial e a distância e em treinamento corporativo customizado, prestando apoio efetivo à rede FGV, de acordo com os padrões de excelência da instituição.

Este livro representa mais um esforço da FGV em socializar seu aprendizado e suas conquistas. Ele é escrito por professores do FGV Management, profissionais de reconhecida competência acadêmica e prática, o que torna possível atender às demandas do mercado, tendo como suporte sólida fundamentação teórica.

A FGV espera, com mais essa iniciativa, oferecer a estudantes, gestores, técnicos — a todos, enfim, que têm internalizado o conceito de educação continuada, tão relevante nesta era do conhecimento — insumos que, agregados às suas práticas, possam contribuir para sua especialização, atualização e aperfeiçoamento.

Clovis de Faro
Diretor do Instituto de Desenvolvimento Educacional

Ricardo Spinelli de Carvalho
Diretor Executivo do FGV Management

Sylvia Constant Vergara
Coordenadora das Publicações FGV Management

Introdução

A administração de marketing no mundo contemporâneo exige do profissional dessa área uma série de conhecimentos especializados. Nos dias atuais, já não existe espaço para ações desprovidas de planejamento estratégico. O amadorismo está cedendo lugar ao conhecimento da lógica dos mercados, cada vez mais específicos.

O objetivo deste livro é familiarizar o leitor com os modernos conceitos e práticas do marketing, através de abordagem multidisciplinar, visão estratégica e encadeamento didático, ressaltando a singularidade do marketing aplicado no Brasil.

Estruturamos o livro em seis capítulos. O primeiro mostra a origem e evolução dos conceitos de marketing até os nossos dias, estabelecendo um paralelo com o desenvolvimento histórico do mercado brasileiro.

O capítulo 2 focaliza os contextos interno e externo, sua interação com as funções modernas de marketing e os efeitos nos diferentes níveis da organização.

O capítulo 3 examina os mercados produtor e consumidor, suas particularidades, inter-relações e formas de segmentação, bem como as oportunidades que podem ser aproveitadas pelos gestores.

O capítulo 4 aborda a visão estratégica do marketing, analisando desde a concepção e implementação das ações mercadológicas até o controle de seus resultados.

No quinto capítulo procuramos mostrar como as informações de marketing podem ser sistematizadas, respondendo à própria evolução do marketing para novas formas.

No capítulo 6 fazemos um resumo das tendências do marketing e, por último, apresentamos nossas conclusões.

Esperamos que a presente obra seja o início de um proveitoso aprendizado da cultura do marketing, a ser complementado com a leitura dos demais livros desta série das Publicações FGV Management.

1

Conceitos fundamentais do marketing

Que é marketing?

Desde já, podemos afirmar que não se trata apenas de técnicas de propaganda e vendas. Existem muitas definições de marketing. Entre as fontes mais conhecidas, podemos citar, por exemplo, Levitt (1990), que o define como o processo de atrair e manter clientes; Rocha e Christensen (1999), que o veem como uma função gerencial para ajustar oferta e demanda; ou ainda Semenik e Bamossy (1995), que falam em planejamento e execução de ideias para criar trocas visando determinados objetivos. Já para Drucker (apud Rocha e Christensen), trata-se de um processo de integração da economia à sociedade, enquanto Kotler e Armstrong (1998) sustentam que é um processo gerencial com o objetivo de atender as necessidades e desejos das pessoas.

Mais recentemente, o conceito de marketing tem sido ampliado por duas visões complementares: como filosofia organizacional — princípio básico da empresa que enfatiza o foco nas necessidades dos clientes —, e como processo gerencial — um conjunto de atividades logicamente encadeadas e executadas para alcançar resultados (Urdan e Urdan, 2009).

Por fim, lembramos que marketing é o gerúndio do verbo inglês *to market*, ou seja, trata-se de uma ação em progresso ao longo do tempo.

Origem e evolução do conceito de marketing

Nem todos os autores se preocupam com as premissas que fundamentam o marketing, talvez por estarem tratando de contextos com larga tradição nas práticas de mercado. Ou seja, nesses países o marketing apenas retrata as melhores práticas corporativas, já que a livre iniciativa, a pouca intervenção do Estado na economia, a estabilidade político-jurídica, bem como o nível (alto) e o custo (relativamente baixo) do crédito são quase sempre a regra. Ou, ainda, o modelo de capitalismo implementado nesses países praticamente inspirou a filosofia de marketing, ao gerar intensa competição entre os principais mercados de produtos e serviços. Talvez por isso a maioria desses autores enfatize mais o ferramental do marketing.

Entretanto, nos países onde o modelo de capitalismo é radicalmente diferente — Brasil, Rússia, Índia e China, apenas para ficar nos países emergentes da moda —, é preciso salientar as premissas que fundamentam o marketing, sob o risco de se achar que as técnicas de marketing podem ser aplicadas, sem ajustes, em todo e qualquer ambiente ou circunstância mercadológica.

O próprio modelo paradigmático de capitalismo parece estar no limiar de profundas mudanças. A questão ecológica, a consolidação da China como a grande potência industrial e exportadora, assim como a séria crise de fins de 2008 apontam nessa direção.

Aliás, segundo Krugman (2009:201), prêmio Nobel de Economia em 2008, essa crise não se assemelha a nada visto antes, ao mesmo tempo que é como se todas as crises passadas estivessem acontecendo de uma vez, ao mesmo tempo. Em suas próprias palavras:

> Há quem diga que nossos problemas econômicos são estruturais, porém acredito que os únicos obstáculos estruturais relevantes à prosperidade do mundo são as doutrinas obsoletas que entopem a mente das pessoas.

Enfim, o marketing não é uma "ciência" exata. Sua dinâmica no tempo e no espaço é natural — mais ou menos como na economia. Vejamos então a evolução dessa filosofia de marketing para entender como chegamos até muito recentemente.

Os primórdios da administração

Tudo começou no início do século XVI, quando a Europa vivia a excitação causada pela descoberta de um novo mundo. A Europa mercantilista, que dominava os negócios do "velho mundo", era relativamente homogênea em termos de organização dos produtores e limitação de escolhas por parte dos consumidores. Como observou Max Weber (1987) no início do século XX, a reforma protestante começou a mudar a ética, a visão e a competitividade dos homens de negócios, e a partir daí começaram a tomar forma os modernos conceitos de administração. As tradicionais práticas administrativas foram revistas à luz de critérios mais racionais, visando: aumentar o retorno do capital (lucro), através da inovação científica, com ênfase na tecnologia; diminuir os riscos, para garantir a perpetuação dos lucros, através do controle das atividades empresariais.

Essa evolução tem seu ápice com o início da Revolução Industrial em fins do século XVIII, a qual mudou substancialmente a forma de se encarar a produção.

A evolução da administração

Segundo Motta (1986), a Revolução Industrial ajudou a mudar a relação do homem com a natureza. Diversas obras retratam essas mudanças baseadas na racionalização das atividades produtivas. Por volta de 1900 surgiu a escola clássica, com a teoria da administração científica e a teoria da gerência administrativa. A administração transformou-se em planejamento criterioso das atividades, organizando e coordenando o trabalho dos subordinados e introduzindo os conceitos de comando e controle de desempenho.

Taylor defendeu o conceito de produtividade, embora estivesse mais preocupado com a racionalização dos métodos e sistemas de trabalho do que com a racionalização da organização do trabalho. Para ele havia uma única maneira correta de se realizar um trabalho; uma vez descoberta essa maneira, poder-se-ia maximizar a eficiência. O homem seria capaz de otimizar suas decisões, buscando o maior ganho com o mínimo esforço. Para tanto, a seleção, o treinamento e o controle dos trabalhadores seriam fundamentais.

Em 1916, Fayol publicou *Administração geral e industrial*, como que fazendo um contraponto com as ideias de Taylor, segundo Simões e Braga (1996). Para Fayol, as funções do administrador eram planejar, organizar, coordenar, comandar e controlar. Com isso ganhavam importância a unidade de comando, a divisão do trabalho, a especialização e a amplitude do controle.

Em oposição às teorias mecanicistas e reducionistas da escola clássica, o cientista social George Mayo propôs, em 1927, o conceito do "homem social" — o trabalhador visto como um ser cujo comportamento não pode ser comparado a uma máquina. Você assistiu a *Tempos modernos*, filme de Charles Chaplin produzido em 1936? Além de um grande filme, é um retrato crítico da época.

As ideias de Mayo inspiraram toda uma corrente de pensamento que influenciou o ensino da administração a partir da década de 1940: a "psicologização" das relações de trabalho, espécie de ponte entre a escola de administração científica e a escola de relações humanas.

Paralelamente, a antropologia social influenciou fortemente novas correntes de pensadores da administração. Graças à análise antropológica, desenvolveu-se a teoria dos sistemas abertos, admitindo a existência de leis, princípios e modelos que poderiam ser aplicados a qualquer empresa. Assim, passou-se a estudar a organização como um sistema social. A visão sistêmica não se restringe ao âmbito da produção, mas estende-se também aos conceitos de marketing, principalmente àqueles que tratam das inter-relações de vários ambientes, como veremos no próximo capítulo.

No final dos anos 1950, surgiu a teoria contingencialista, que engloba um conjunto de conhecimentos, os chamados "princípios gerais de administração", aplicáveis a um tipo específico de empresa. Para alguns contingencialistas, existem dois modelos básicos de organização, que seriam os pontos extremos de um *continuum*: o mecânico e o orgânico. Dependendo da atividade-fim, a organização estaria mais perto de um ou outro extremo. Uma lanchonete ou um restaurante *fast-food* ficariam mais próximos do modelo mecânico. Uma universidade estaria mais próxima do modelo orgânico. As implicações para o marketing interno das empresas são evidentes.

Muitas novas tendências e teorias têm sido desenvolvidas para a análise organizacional, às vezes influenciadas por experiências positivas de autogestão, às vezes por novos estudos antropológicos ou mesmo pelo surgimento de novos tipos de empresa, como as virtuais, que não necessitam de instalações físicas — as chamadas "empresas ponto com".

Enfim, num mundo que muda cada vez mais rapidamente, é pouco provável que os especialistas cheguem a um consenso, um padrão de administração que sirva para todo e qualquer mercado. Além de as conclusões dos estudos se referirem sempre a um mundo ultrapassado, as crescentes complexidades em cada mercado têm gerado novas práticas administrativas. Os conceitos não mais se prendem a modelos predefinidos, mas são interpretados em função das realidades mercadológicas.

Então o leitor se pergunta: e o marketing? A visão de marketing vem acompanhando a evolução das ideias a respeito da administração: primeiramente focando o negócio na produção, depois priorizando as vendas, para finalmente entender que o cliente é o centro das estratégias eficazes, o fator determinante para o sucesso ou fracasso de uma empresa.

O foco na produção

Com a Revolução Industrial, os produtos deixam de ser feitos somente à mão (artesanato) e passam a ser também industrializados. Devido à grande demanda, o foco dos negócios evidentemente é o produto — o bom artefato industrial — feito em série e muito mais barato que o artesanal. Segundo Keith (1960), essa orientação dos negócios para o produto predominou nos EUA até a década de 1930. Na Europa, teria durado mesmo após a II Guerra Mundial. No Brasil, pode-se dizer que, atualmente, a proporção da sua ocorrência é maior que nos países desenvolvidos. Os negócios focados em produtos seguem a lógica de quem produz, e não a de quem efetivamente paga e consome. É como se as empresas fabricassem produtos e serviços para si, e não para um público externo específico. Em vez de tentar perceber o que o consumidor está desejando — suas demandas e necessidades —, o produtor se preocupa apenas com o que pode oferecer-lhe. A ênfase das empresas que seguem essa orientação está na qualidade, nos aspectos técnicos, na melhoria dos processos de produção e no controle de custos.

As empresas assim orientadas têm enorme confiança em seu potencial de vendas e na capacidade do produto para atrair clientes. Entretanto, elas vêm sendo suplantadas por concorrentes mais comprometidos com seus consumidores. O foco exclusivo no produto encontra terreno fértil em mercados de demanda reprimida ou com baixa oferta.

Rocha e Christensen (1999) citam como exemplo os fabricantes de relógios suíços, cuja orientação excessiva para o produto terminou por abalar não só uma empresa, mas todo um mercado. Em 1970, a Suíça liderava o mercado global de relógios com 42% de *market-share* (fatia ou participação no mercado). Eram várias as marcas suíças famosas que faziam parte do sonho de consumo das pessoas. Quando os orientais perceberam que havia demanda de relógios baratos e introduziram no mercado os relógios eletrônicos, os suíços foram pegos de surpresa. Indignação, preconceito e propaganda contra os relógios baratos não modificaram a situação. Quando os americanos entraram no mercado, aumentando a competição, o *market-share* dos suíços despencou ainda mais. Somente décadas mais tarde, num grande esforço de marketing, eles conseguiram recuperar parcialmente a imagem de vanguarda no segmento.

Com a queda do desempenho das empresas orientadas para a produção, surge o foco em vendas, que é bem diferente, como veremos a seguir.

O foco na venda

No competitivo mercado americano, após a crise da década de 1930, a orientação para o produto começou a dar lugar à orientação para as vendas, a qual privilegia o uso dos instrumentos de promoção — propaganda, publicidade, *merchandising*, venda pessoal, *displays* —, com o objetivo de alavancar os resultados a curto prazo, persuadindo ou mesmo pressionando o consumidor.

A longo prazo, uma empresa orientada para vendas pode gerar insatisfação, frustrando seus clientes. A compra de produtos e serviços que não satisfazem as demandas, expectativas ou necessidades dos consumidores, ainda que feita por livre arbítrio, gera o que chamamos de dissonância cognitiva, traduzida no desconforto psicológico pós-compra.

Entretanto, as empresas orientadas para vendas parecem não se importar em perder clientes. Eventuais quedas de faturamento são combatidas com o reforço da mesma estratégia: atrair mais clientes para compensar os consumidores perdidos. É óbvio que essa estratégia apresenta dois problemas interligados: a empresa não consegue se manter a longo prazo e aumenta o seu perfil de risco.

Esse tipo de orientação para vendas ocorre com frequência no Brasil e na América Latina. Aliás, é possível que boa parte dos preconceitos contra os profissionais de marketing — expressos na palavra "marqueteiro" — venha de uma prática distorcida da orientação para vendas, ou seja, da promoção, por vezes enganosa, voltada para a venda a curto prazo, sem nenhum compromisso com a performance do produto ou serviço a longo prazo.

Até aqui, o foco empresarial reflete uma perspectiva interna, ou seja, as necessidades imediatas da empresa. E o cliente, não deveria ser valorizado? Vamos então conhecer a orientação para o marketing.

O foco no marketing

Nas últimas décadas, a orientação para o marketing tem-se revelado uma estratégia tanto para atingir a liderança em mercados variados quanto para proteger e diminuir os riscos em conjunturas cada vez mais dinâmicas. Prevalece aí a ideia de que os produtos e serviços são desenvolvidos para um dado mercado consumidor, que paga por eles e tem a prerrogativa de mudar de fornecedor. A orientação para o marketing traduz uma visão de negócios focada na antecipação e no atendimento das demandas, expectativas e necessidades do consumidor a longo prazo.

Segundo Levitt (1975), muitas empresas americanas quebraram porque foram incapazes de compreender o dinamismo das necessidades e desejos de seus consumidores, bem como de estruturar suas atividades em função disso. Tais empresas mantiveram a orientação para produtos ou para vendas, enquanto seus concorrentes adotavam a orientação para o marketing.

Num mundo cada vez mais complexo e dinâmico, as empresas deveriam aprender a adaptar-se continuamente, mudando de acordo com as exigências de cada mercado. Como, em geral, os produtos, os processos, as matérias-primas e a tecnologia são facilmente copiados, as empresas de maior sucesso perceberam que a estratégia de focar suas atividades no marketing é mais eficaz. Uma cultura de gestão empresarial focada no marketing é, na maioria das vezes, uma vantagem competitiva sustentável.

Outra premissa para o foco no marketing é o uso integrado dos conceitos e técnicas mercadológicos. De nada vale um produto que atende às expectativas dos consumidores se ele é muito caro. De nada vale o mesmo produto a um preço competitivo se ninguém sabe que ele existe. De nada vale esse produto a um preço competitivo e com propaganda na TV, por exemplo, se ele não é facilmente encontrado. A orientação para o marketing só existe, de fato, quando entendida de forma integrada pela empresa. A maioria dos especialistas chama a atenção para isso, mostrando os riscos corporativos da utilização de um marketing fragmentado, ou seja, do uso de algumas ferramentas de marketing isoladamente.

A última premissa da moderna orientação de marketing é a ênfase no longo prazo. Sem uma visão de longo prazo, é quase impossível para a empresa perceber a importância da ética e da responsabilidade social, requisitos cada vez mais importantes para o marketing. É preciso equilibrar os objetivos de retorno do capital dos acionistas com as demandas e expectativas da sociedade.

A gestão de marketing ainda está longe de ser uma realidade na maioria das empresas brasileiras, apesar da retórica e do uso parcial de seus instrumentos e técnicas. Um número expressivo de empresas ainda segue uma orientação para vendas ou para o produto. Esse fato, somado ao pequeno porte dessas empresas, à grande variação cambial dos últimos anos e à escassez interna de crédito, está na raiz de nossas preocupações com a competitividade de nossos produtos manufaturados, em um mundo cada vez mais dividido em blocos e acordos comerciais.

Finalmente, a realidade dos mercados tem demonstrado que não há receitas de bolo ou estratégias mágicas na condução dos negócios. Não existe uma forma ideal de se estruturar as atividades de uma empresa com foco no marketing. É praticando que evoluímos. Cada empresa deverá definir a sua própria estratégia de marketing e integrar, de forma única e criativa, seus instrumentos e técnicas. Portanto, a solução varia conforme a empresa, seus recursos e seu ambiente.

E no Brasil, será que o conceito de marketing tem seguido a mesma linha de racionalização observada em outros países?

Origem e evolução do mercado brasileiro

Muitos de nossos profissionais se perguntam: por que o marketing no Brasil é menos desenvolvido que nos Estados Unidos, na Europa ou no Japão? Haveria barreiras culturais? Seria a ausência sistemática de concorrência em diversos setores? Na tentativa de responder a essa questão, Rocha e Christensen (1999) fazem um retrospecto da evolução histórica da sociedade brasileira, comparando-a com as sociedades americana e japonesa, onde o marketing desenvolveu algumas das suas melhores práticas.

Analisando a sociedade japonesa, esses autores constatam que os valores religiosos tiveram grande importância no processo de desenvolvimento. No período feudal o Japão tinha uma sociedade hierarquizada, dividida em classes, sendo a dos comerciantes a menos favorecida. Segundo os valores da época, a atividade comercial não tinha a mesma importância produtiva que o artesanato e a agricultura. Os nobres, claro, eram a elite. Nesse tipo de arranjo social, os comerciantes de produtos e serviços só podiam considerar que seus clientes eram pessoas tão ou mais importantes que eles mesmos. Como essa cultura não foi fundamentalmente modificada ao longo dos séculos, o marketing não encontrou aí barreiras para desenvolver-se, tendo o cliente como protagonista. Há muito que a orientação para o marketing faz parte da cultura japonesa.

Nos EUA o conceito de marketing teria surgido num contexto cultural influenciado pela herança protestante e pelos princípios igualitários que inspiraram a Declaração de Independência e a Constituição americanas. Tal posição é reforçada pela tese defendida por Max Weber em *A ética protestante e o espírito do capitalismo*.

Assim, embora muitos especialistas criticassem o pequeno número de empresas americanas orientadas para o mercado nos anos 1970, as premissas históricas e culturais da sociedade americana facilitaram o desenvolvimento do marketing e a conscientização quanto às responsabilidades sociais das empresas.

Já no Brasil, o processo de desenvolvimento da sociedade e da economia — em especial a formação de nossos empresários e consumidores — difere de tudo o que ocorreu no Japão e nos EUA. Vejamos então como evoluíram entre nós as relações mercadológicas até nossos dias.

A formação dos mercados no Brasil

Numa análise crítica de nossa formação histórica, podemos afirmar que, até o início do século XX, o mercado produtor brasileiro esteve estruturado para fornecer certos artigos primários — pau-brasil, açúcar, tabaco, ouro, algodão e café — aos países mais adiantados.

Como observa Novais (1979), a política de Portugal definida para o país nos tempos coloniais obrigava os brasileiros a se concentrarem em poucos produtos para serem revendidos a altos preços na Europa. Por outro lado, tínhamos de importar da metrópole, com exclusividade e também a preços altos, todos os demais produtos necessários. Para tanto, Portugal nos manteve sob um rigoroso regime de restrições econômicas e de opressão administrativa e social.

Segundo Prado Jr. (2000), a partir de meados do século XVII Portugal impôs ao Brasil um sistema de monopólio comercial, através de "companhias privilegiadas", que consistia em reservar a certas pessoas — os famosos amigos do rei — o direito exclusivo de organizar e explorar o comércio. Produtos como o vinho, o azeite, a farinha de trigo, o bacalhau e até o sal eram trazidos exclusivamente de Portugal e comercializados através desses monopólios. O sal teve a sua produção proibida no Brasil em 1665.

Ler e escrever, noções de matemática, algum latim para auxiliar o acompanhamento das missas, eis tudo o que aqui se ensinava até 1808. Por outro lado, a Revolução Industrial criara uma nova ordem, exigindo o livre-comércio entre a produção em larga escala e os mercados mundiais. Os conflitos tornaram-se inevitáveis, e a destruição dos monopólios passou a ser o objetivo básico dos países mais industrializados. O Brasil, estruturado puramente nos monopólios, conseguiu assim uma conjuntura favorável à sua independência.

Evolução da economia brasileira

Em 1808, quando da chegada da família real e da corte portuguesa, teve início todo um processo que viria a culminar com a independência, em 1822. Com a abertura dos portos, a fundação de um banco (o Banco do Brasil) e de uma universidade (a Universidade do Brasil) e a criação da primeira fábrica de pólvora para a defesa nacional, estavam lançadas as bases de uma economia moderna.

Por outro lado, a transformação dos hábitos da sociedade brasileira, em virtude da interação com a corte portuguesa, criou necessidades de consumo que estavam muito acima de nossa capacidade produtiva. O resultado foi a nossa primeira crise cambial, devido ao aumento extraordinário das importações.

Paralelamente, o enorme contingente de funcionários assalariados que compunham a corte portuguesa — os historiadores falam de 10 mil a 15 mil pessoas na comitiva de dom João VI — fez explodir os gastos públicos. Aliás, os historiadores sugerem que a fundação do Banco do Brasil, às pressas, teve por objetivo viabilizar o pagamento de salários à corte. Além do inevitável déficit do Estado, a emissão de moeda corrente sem lastro de produção promoveu a estreia de nosso processo inflacionário. Como se vê, crise cambial, déficit público e inflação são problemas históricos.

Após a independência, o Brasil demorou a iniciar seu processo de industrialização. Primeiro foi a questão da alíquota do imposto de importação — aquele com maior volume de arrecadação à época. Embora fosse comum taxar as importações em cerca de 40%, a fim de proteger e fomentar as indústrias nascentes, em 1808 dom João VI fixou a alíquota brasileira em apenas 15%, segundo Furtado (1998). Somente em 1844, no reinado de dom Pedro II, o governo resolveu dobrar o valor médio das alíquotas. Em 1860 elas foram novamente aumentadas para um nível médio de 50%, com o objetivo explícito de proteger o processo de industrialização nacional. Porém, a produção em escala competitiva tinha graves entraves estruturais:

- *a escravatura* — a ineficiência dos escravos para os serviços mais complexos é logo percebida, dado o analfabetismo e a pouca instrução; ademais, não existia mão de obra assalariada disponível, o que implicava baixo nível de consumo;
- *a dispersão do mercado consumidor interno* — o nível demográfico e econômico do país era baixo; as grandes cidades eram muito distantes, e a geografia dificultava ainda mais a integração logística;
- *a fraca poupança interna* — o salário é o grande formador de poupança interna, esta prejudicada pelo grande contingente de escravos. Das famílias com prestígio saíam os funcionários públicos, e aqueles que não pertenciam a nenhum dos dois

grupos formavam uma grande massa de desocupados, mendigos e prostitutas. Como explica Caldeira (1994) em sua biografia do barão de Mauá (um dos raros empreendedores da época e o homem mais rico do país), a sociedade brasileira praticamente excluía o trabalho assalariado;

- *a falta de uma cultura empreendedora* — a inexistência de uma política educacional e a tradição de Estado autoritário contribuíram para a ausência do espírito capitalista reinante na Europa.

Assim, a industrialização começou lentamente em meados do século XIX e só ganhou impulso com a conjuntura criada pela I Guerra Mundial (1914-18), dadas as dificuldades de importação de vários produtos. A concentração da indústria se deu no estado de São Paulo, o que se explica por três fatores principais:

- *progresso geral do estado* — o desenvolvimento da lavoura do café trouxe riqueza e mão de obra abundante, aumentando em muito a população;
- *imigração* — a qualificação do europeu era muito superior à do trabalhador nacional, recém-saído da escravidão;
- *energia* — a primeira usina elétrica do país começou a funcionar no estado de São Paulo em 1901.

Porém, a maioria das indústrias brasileiras cresceu protegida pelos altos impostos de importação e pela desvalorização do câmbio. Não havia disputa por mercados. Aliás, no início do século XX, assim como na época colonial dos monopólios, eram os mercados que procuravam as empresas industriais, demandando a produção interna em substituição à importação, gravemente afetada pelas crises financeiras do país. A pouca competição era quase sempre imperceptível, devido à alta demanda e ao escasso capital disponível para investimentos. Prado Jr. (2000)

comenta a falta de ambição e de competitividade, bem como a facilidade com que os empresários brasileiros se reuniam em cartéis, clubes e oligopólios para manter a lucratividade de seus segmentos de mercado.

Assim, de modo geral, a indústria brasileira se desenvolveu por força de circunstâncias derivadas da restrição às importações — intensificada por duas grandes guerras mundiais e pelo subsídio cambial — em meio a um fraco mercado de capitais, objetivando não propriamente atender às necessidades gerais e fundamentais dos consumidores brasileiros, e sim capitalizar a curto prazo brechas temporárias no abastecimento. Daí a crônica improvisação, a falta de planejamento e de uma política industrial.

Mas como chegamos a este Brasil de hoje, que exporta aviões e softwares e tem ações negociadas na bolsa de Nova York? É o que veremos.

O cenário mercadológico e o ambiente global

O Brasil passou por um período de grande crescimento econômico após a revolução de 1964. De economia rural representando o 48º PIB do mundo e exportando menos de US$ 1,5 bilhão anuais — metade em café —, passamos a figurar, em 1980, entre as 10 maiores economias do planeta, exportando US$ 25 bilhões em produtos razoavelmente diversificados (Simões, 1998).

Na época, a repressão política, a censura à imprensa e o AI-5 eclipsaram socialmente as medidas econômicas, que passaram a ser discutidas pela sociedade num segundo plano. Realmente, o primeiro choque do petróleo, no início da década de 1970, foi ignorado por um país politicamente controlado, mas que vivia seu milagre econômico, com taxas mínimas de desemprego e recordes de crescimento do PIB. Contudo, a partir do segundo choque do petróleo, no final daquela mesma década, o processo de inflação se tornou crônico, o que levou o governo a intervir ainda mais na economia. Como consequência, entre 1986 e 1994 tivemos nove planos de estabilização da economia — cinco dos quais com congelamento de preços e salários — e seis moedas diferentes.

Mesmo após o Plano Real, em julho de 1994, vivemos anos de incertezas e estagnação econômica, com o Estado brasileiro tentando se reestruturar em meio a altíssimas taxas de juros para evitar a volta da inflação, cujo serviço (pagamento dos juros) limitou tremendamente a capacidade de investimento do país em infraestrutura.

A crise asiática em 1997, a crise na Argentina no início do novo milênio, o racionamento de energia em 2001, os eventos relativos ao "onze de setembro" nos EUA, entre outras crises, só fizeram prolongar esse período. Nesse contexto a demanda se estagnou e o lucro minguou, o que forçou as empresas brasileiras a focar mais o ajuste financeiro (redução do endividamento) que o mercadológico.

Em agosto de 2003, a revista *Conjuntura Econômica*, editada pela FGV, publicou a consolidação dos balanços referentes ao exercício de 2002 das 500 maiores sociedades anônimas não financeiras brasileiras. Nessa edição foi apontado que mais de 40% dessas empresas escrituraram prejuízo em seus balanços, que o faturamento total foi menor que em 2001 e que a rentabilidade média sobre o patrimônio líquido não ultrapassou os 3%.

Mesmo considerando a flexibilidade contábil brasileira, não foi surpresa a eleição do candidato de oposição em fins de 2002. De fato, a renda *per capita* em dólares, no início do governo do presidente Luiz Inácio Lula da Silva, em janeiro de 2003, encontrava-se no mesmo patamar de 1980.

Enfim, só muito recentemente parece que voltamos a acreditar numa retomada contínua do crescimento. Tratados os sintomas mais graves da crise de 2008, o capital internacional voltou a procurar o Brasil num momento em que os juros internos atingiram seu ponto histórico mais baixo em décadas. Em consequência, o nível de investimento vem se acelerando, em paralelo com a demanda e o volume de crédito. Afora os gargalos da infraestrutura, exaustivamente tratados na mídia, e as expectativas relativas ao novo governo que começa em 2011, vivemos um momento de especial otimismo, como há muito não se via.

É neste cenário macroeconômico e neste ambiente global que devemos procurar entender o marketing no Brasil. Portanto, é preciso considerar que as estratégias devem ajustar-se às diferentes e evolutivas circunstâncias mercadológicas, tanto nacionais quanto internacionais, e não apenas aos recursos empresariais e ao perfil competitivo de cada setor econômico específico.

Conceitos fundamentais do marketing contemporâneo

Depois de uma viagem no tempo, vamos falar do marketing em nossos dias? O marketing é talvez a mais importante função gerencial das empresas modernas. Porém, não é uma ciência pura como a matemática, na qual dois mais dois são quatro em qualquer momento ou lugar do mundo. As técnicas de marketing devem, ou pelo menos deveriam, levar em conta as peculiaridades do tempo, do espaço e da cultura onde são aplicadas. Arriscando uma metáfora, o marketing é como um software e, para funcionar bem, tem que ser *a priori* compatível com seu respectivo sistema operacional e considerar as preferências dos usuários.

Assim como as práticas econômicas funcionam de um jeito na Europa e de outro no Brasil, as técnicas de marketing devem levar em consideração a história, a cultura, os hábitos, as tradições, as crenças, os medos e as necessidades de seu público-alvo, sem esquecer a discrepância salarial em relação aos países centrais. Portanto, é com essa visão que devemos abordar os conceitos fundamentais do marketing. Vamos a eles.

O ajustamento da demanda e da oferta

Segundo as definições apresentadas no início do capítulo, vimos que uma das funções do marketing é promover o melhor ajustamento possível entre as necessidades do produtor e as do consumidor. Suponhamos, por exemplo, que os produtores de cerveja organizassem o negócio visando o maior lucro possível. Assim, provavelmente a cerveja seria oferecida somente em barris de 50 litros, a preço de uísque, sem qualquer estratégia promocional e com entrega apenas no pátio de expedição da fábrica, o que seria ótimo do ponto de vista logístico, financeiro e contábil. Por outro lado, imaginemos que, em resposta, o consumidor exigisse receber sua cerveja na torneira da pia de casa, na pressão, bem gelada e a preço de água. As posições são tão antagônicas que parece impossível conciliar produtor e consumidor. Mas é aí que o marketing irá buscar o melhor ajustamento possível entre esses dois extremos, satisfazendo clientes e promovendo o retorno necessário às empresas.

Vamos conhecer melhor a estrutura integradora de marketing, que é diferente de departamento de marketing.

A estrutura integradora de marketing

O segundo conceito fundamental do marketing se refere à qualidade da gestão empresarial ou do *management*, como dizem diversos autores. Segundo Berry e Parasuraman (1995), a gestão empresarial de qualidade resulta de uma cultura corporativa voltada para o cliente, de um excelente sistema de planejamento, do uso competente da informação e da tecnologia, e do gerenciamento ótimo dos recursos disponíveis.

Nesse contexto, existe o conceito de estrutura integradora de marketing, o qual retrata uma organização onde todos os departamentos estão voltados para o processo de atrair e manter o cliente. Não se trata de uma atitude ingênua e geradora de custos, apenas para agradar a um mercado consumidor que, na realidade, ainda não tem alternativas. A estrutura integradora de marketing deve ser encarada como uma estratégia para liderar o mercado, proteger-se de inevitáveis mudanças conjunturais e estruturais e, principalmente, aumentar a lucratividade.

Logo, a organização deve estar preparada para mudanças contínuas, já que suas práticas administrativas quase sempre se desenvolvem pela ótica exclusiva dos resultados contábeis, não necessariamente vinculadas às prioridades dos clientes.

Assim, à luz do conceito de estrutura integradora de marketing, várias outras práticas e ideias têm servido aos profissionais que lidam com estratégias. Eis algumas delas:

- *reengenharia* — revisão e otimização dos processos, visando maior racionalidade, isto é, maiores lucros e menores riscos;
- *empresa-aprendiz* — empresa cuja postura em relação ao mercado é a de um eterno aprendiz;
- *terceirização* — empresas que tendem a concentrar-se cada vez mais naquilo que melhor fazem, aliam-se a outras capazes de oferecer algo de valor que integre seu serviço;
- *downsizing* — aproximação entre o vértice e a base da pirâmide organizacional, criando uma estrutura hierárquica com menos níveis;
- *empowerment* — delegação de poder, responsabilidades e instrumentos, valorizando e buscando o comprometimento dos funcionários;
- *participação nos lucros* — empregados vistos como sócios;
- *qualidade total* — busca da melhoria contínua, através de práticas e conceitos como Kaisen, Seis Sigma, PDCA, entre outros;

- *sistema de custeio ABC* — sistema de custeio baseado em atividades (*activity based costing*), que eventualmente permite analisar os custos pela ótica da cadeia de valor para o cliente, e não da estrutura departamentalizada.

Vejamos agora o ambiente em que é praticado o marketing, introduzindo aí os parceiros, também chamados de atores.

Os atores do marketing

Pensar no marketing é pensar na inter-relação, interdependência e interligação entre os seus diversos atores num mesmo mercado, conforme mostra, simplificadamente, a figura 1: fornecedores de matérias-primas, insumos e embalagens; fabricantes, montadores ou processadores; atacadistas; varejistas; consumidores.

Figura 1

Os atores do marketing

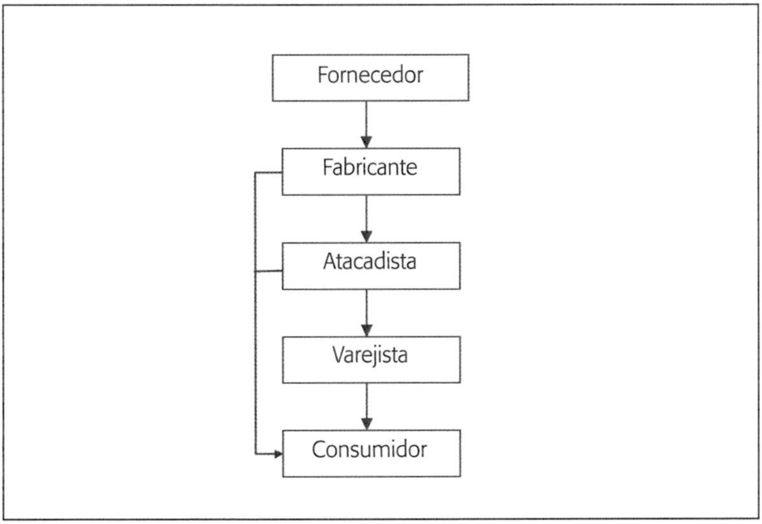

Perguntamos agora ao leitor: quem é o cliente do fornecedor de matérias-primas, insumos e embalagens? Talvez sua resposta imediata seja: o fabricante. Não é bem assim. O marketing considera que existem clientes: o próprio consumidor final é um exemplo.

De fato, os atores deveriam perceber que estão todos num mesmo barco, em busca de um dado mercado-alvo, competindo com outros barcos. Explicando melhor: cada grupo de atores compete com outros grupos, ainda que alguns atores atuem em mais de um grupo. Por exemplo, o mesmo fabricante de matérias-primas pode fornecer para indústrias concorrentes.

Como você pode concluir, a otimização do relacionamento entre os atores é fundamental para o sucesso comum. Utilizar a racionalidade nesse ambiente pode trazer benefícios para as partes, já que todos os atores estão interligados e são interdependentes no processo de atrair e manter o cliente. Fica assim evidenciada a importância do relacionamento, que pode ser otimizado através, por exemplo, do *e-business* ou do *database* marketing, que serão apresentados mais adiante.

Porém, cabe aqui outra pergunta: qual deveria ser o foco da otimização do relacionamento entre os atores? Para respondê-la, passemos ao próximo conceito fundamental do marketing.

As necessidades e os desejos dos consumidores

Cada indivíduo é um universo psicológico exclusivo e, ao mesmo tempo, influenciado por outros indivíduos. Devido à multiplicidade de opções nas relações humanas e ao fato de termos experiências físicas e sensitivas únicas, percebemos as coisas da vida de forma desigual. Ainda assim, vários autores procuram esquematizar as necessidades e desejos dos seres humanos, segundo certos padrões. Aprofundar o estudo desses modelos, em busca de conclusões práticas e operacionais, pode ajudar o profissional de marketing a ser mais eficaz no atendimento de seu mercado-alvo.

Um dos modelos mais difundidos é o de Maslow (apud Boone e Kurtz, 1998), que hierarquiza as necessidades dos seres humanos segundo cinco categorias:

- *autorrealização* — educação, viagens, posição profissional;
- *autoestima* — prestígio, *status*, relacionamentos;
- *sociológica* — pertencer a um grupo, divertir-se em grupo, ter amigos;
- *segurança* — física, mental, financeira;
- *fisiológica* — comer, beber, dormir.

A figura 2 mostra a pirâmide de Maslow.

Figura 2
Hierarquia das necessidades humanas, segundo Maslow

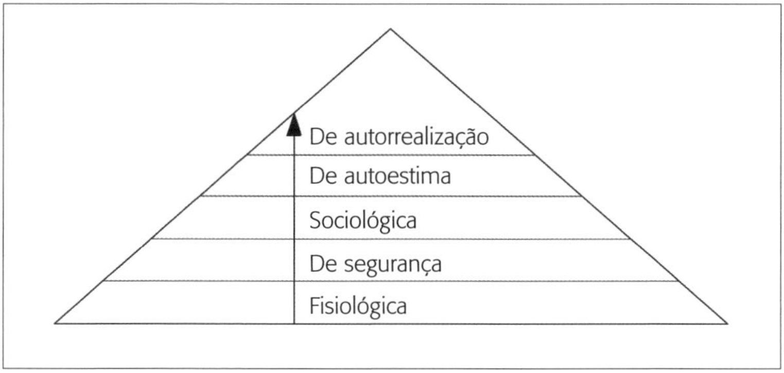

No modelo teórico de Maslow, as necessidades fisiológicas são as mais básicas; só quando elas são minimamente atendidas é que passamos a perceber as necessidades de segurança, e assim por diante, até chegar ao topo da pirâmide. Evidentemente, essa esquematização é mais ou menos efetiva conforme as culturas. Ou seja, a ordem hierárquica pode estar mais de acordo com um americano do que com um brasileiro. Ou, ainda, pode estar mais evidente para um brasileiro de classe média do que para um de classe baixa. Por outro lado, uma das restrições ao modelo de Maslow é a dificuldade de identificar os vários estágios simultâneos em que se encontra uma pessoa. Um estudante de curso de MBA, por exemplo, pode almejar um emprego para obter aceitação social e, ao mesmo tempo, pode almejar a conclusão de seu curso para realizar-se.

O importante é percebermos a necessidade de estudar os comportamentos dos consumidores para poder segmentá-los em grupos similares e, assim, formular programas de marketing específicos para cada grupo.

Enfim, é buscando atender a esses desejos, demandas e necessidades dos seres humanos que estudamos os mercados. Mas, o que é exatamente um mercado? Os desejos, demandas e necessidades são iguais para todos os consumidores?

Definindo o conceito de mercado

Assim como é complexa a conceituação de marketing, também não é simples definir mercado. Certamente ele inclui os atores de marketing já mencionados — fornecedores, fabricantes, atacadistas, varejistas e consumidores —, mas não se limita a eles. Há também os concorrentes, os produtores de artigos substitutos, o governo. Enfim, no conceito de mercado está incluída uma série de outros elementos, mas o importante é que ele está associado ao conceito de troca, quando o analisamos do ponto de vista do marketing.

Por outro lado, é preciso considerar que os mesmos elementos de um mercado podem ser radicalmente diferentes, na prática. Consumidores são grupos de pessoas que o marketing passou a enxergar como públicos-alvo: aqueles com necessidades, expectativas e demandas similares, cujo estudo é indispensável para que se criem estratégias eficazes de marketing. Veja alguns outros termos amplamente difundidos:

- *mercado de massa* — grandes contingentes de consumidores típicos de mercados não segmentados e com necessidades semelhantes;
- *segmento de mercado* — grupos de consumidores que apresentam alguma identidade em relação a certos atributos, tais como sabor, preço, potência, qualidade; na prática, são os que reagem de forma parecida a um determinado plano de marketing;
- *nicho de mercado* — pequenos segmentos geralmente não atendidos pelos concorrentes e que, por atenderem a necessidades específicas, podem representar ganhos adicionais (por exemplo, artigos de *delicatessen*, CDs ou DVDs remasterizados e com faixas extras, planos de saúde com cobertura no exterior);
- *consumidor individual* — cada um de nós em nossa especificidade psicológica, resultante de uma experiência de vida exclusiva (as modernas técnicas de segmentação permitem conhecer hábitos e comportamentos individuais).

Quando o cliente é uma pessoa jurídica, dizemos que é um consumidor institucional. Embora ele também tenha necessidades, expectativas e demandas, seu comportamento em geral é definido por normas impessoais. Os fabricantes de produtos e serviços também variam muito, podendo ser privados, estatais ou uma organização não governamental. Com a globalização, os grandes produtores tendem a estar presentes em muitos países, o que implica conhecimento de culturas e valores diferentes. A globalização, de fato, torna os mercados mais acessíveis, mas não necessariamente idênticos.

Com o acesso mais amplo aos mercados, os produtores se questionam: por que o consumidor irá comprar o seu produto ou serviço, e não o do concorrente? Eis os maiores desafios do marketing contemporâneo: a criação de valor (sem a explosão dos custos) e a diferenciação.

Racionalização de processos e custos e desenvolvimento de valor

No Brasil, historicamente, a questão do valor tem sido desfocada. Passamos praticamente dois séculos imersos na cultura da inflação, que dificultava a percepção do valor dos produtos ou serviços, assim como a comparação com a concorrência.

Segundo Nickels e Wood (1999), pesquisar as expectativas, desejos e necessidades dos clientes é um bom ponto de partida para entendermos o que agrega valor na ótica de cada público-alvo. Feita essa pesquisa, devemos quantificar e priorizar os fatores que são importantes para o público-alvo e, ao mesmo tempo, para as metas de retorno e risco da empresa.

As empresas de sucesso aprenderam o que significa valor para os seus clientes, e que as preferências dos consumidores são dinâmicas e mudam com demasiada rapidez. Principalmente, aprenderam a agregar valor, sem explodir os custos. Conseguiram agilizar o serviço, adequar a embalagem, distribuir de forma mais eficaz e encontrar outras formas de agregar valor. O importante é que o preço reflita a percepção do valor embutido no produto ou serviço. Realmente, um dos maiores problemas para o gestor de marketing é ter seu produto ou serviço percebido pelo mercado como de baixo valor. Ou ele racionaliza seus processos e reduz os custos, ou agrega valor para se diferenciar. De outra forma, o negócio tenderá a se tornar de alto risco. Cabe ressaltar que a média salarial brasileira é substancialmente inferior à dos países centrais. Aqui, pelas circunstâncias socioeconômicas, o fator custo assume importância estratégica ainda maior.

Agora você já dispõe de informações suficientes para estudar, no próximo capítulo, como os ambientes interno e externo afetam o marketing e seus mercados, e como se inter-relacionam.

2

O ambiente de marketing

No capítulo anterior, vimos que a evolução do marketing está intimamente ligada à percepção de que as empresas devem avaliar não somente suas questões internas, mas também os aspectos externos. Há diversas interfaces entre a empresa e o mundo exterior que são fundamentais para o sucesso empresarial.

Como chegar lá? Uma consequência normal dessa busca é a crescente orientação para o marketing, visando satisfazer as necessidades e os desejos dos clientes. Para identificar tais necessidades e desejos, a empresa deve investir, entre outras coisas, em pesquisas de mercado, informações sobre o ambiente e instrumentos para gerenciamento dos bancos de dados. A correta interpretação dessas informações aumentaria a probabilidade de ela vir a satisfazer esses clientes.

Para tanto há um elemento fundamental a ser considerado: a informação e sua análise num contexto gerencial. Considere algum problema que você precisa resolver. Que informações devem ser levantadas? Como elas serão avaliadas? Como será o processo de decisão? Como você implementaria a decisão? Estamos falando de seleção, avaliação e sistematização das informações para posterior implementação.

Trataremos aqui de uma forma mais qualitativa de seleção e análise das informações, de modo a possibilitar um melhor planejamento, implementação e monitoramento das práticas de marketing. Ao final do capítulo, certamente você terá uma noção mais clara dos fatores que influenciam as decisões de marketing.

Pense, por exemplo, nas razões que o levam a consumir um refrigerante, consultar um médico ou viajar como turista. Sua decisão seria baseada apenas nos estímulos recebidos do fabricante, do prestador de serviço ou do local de férias? Haveria outros elementos que influenciariam sua opção?

As relações que se estabelecem entre empresa e cliente não estão isoladas. O contexto em que ambos se inserem cria outros estímulos que podem influenciar-lhes o comportamento e as percepções. Assim, para uma atuação mais eficaz e duradoura, os profissionais de marketing devem desenvolver visão sistêmica do ambiente em que as práticas de marketing ocorrem.

Segundo Levitt (1990), o fracasso de certas indústrias que eram líderes ou estavam em expansão e depois perderam importância não deve ser atribuído a um ambiente desfavorável, e sim a uma falha administrativa. Citando como exemplo as ferrovias americanas, ele diz que a razão da perda de mercado e faturamento dessas empresas outrora poderosas foi a orientação para o produto, ou seja, o fato de considerarem que seu negócio eram trens e ferrovias, em vez de transporte. A suposição de que ter o melhor serviço ferroviário seria garantia de eterno sucesso não se sustentou a partir do momento em que os clientes descobriram outras opções mais atraentes, como os transportes rodoviário e aéreo. Isso causou uma queda acentuada no movimento ferroviário. Qual seria, então, a falha administrativa detectada por Levitt? O que chama a atenção nesse caso? As ferrovias no Brasil tiveram um destino parecido?

Uma possível conclusão é que essa falha reside no fato de que as mudanças no ambiente geram efeitos sobre os diversos interesses envolvidos. Assim, a ação gerencial passa a desenvolver-se num novo cenário, no qual se acham alteradas tanto a percepção dos que nele atuam quanto a composição das forças existentes. O resultado será um cenário que guardará alguma similaridade com o preexistente.

Que faria você para não incorrer nos erros descritos? As mudanças no ambiente guardam relação com o aspecto cronológico? Os termos *planejamento* e *estratégia* parecem úteis nesse caso? Essas questões mostram bem a importância do planejamento estratégico de marketing, como veremos a seguir.

O âmbito da estratégia de marketing

A cobertura televisiva dos conflitos armados em diferentes partes do mundo já deve ter familiarizado o leitor com termos como estratégia, tática, planejamento, missão e objetivos. Além disso, apesar de sua origem militar, eles se difundiram também em outras áreas, como o esporte, o trabalho e as ciências. Tal popularização, no entanto, não gerou uniformidade no seu entendimento: apesar de empregados genericamente, as interpretações não são precisas. Experimente perguntar aos seus amigos os significados desses termos e compare com suas respostas.

Existe uma grande variedade de conceitos de estratégia na literatura de administração. Por sua praticidade e facilidade de entendimento, a definição aqui adotada, bem como a de outros termos afins, é a sugerida por Rocha e Christensen (1999:248):

- *estratégia* — é o conjunto de movimentos da empresa em direção ao futuro. O foco em grupos de clientes mais lucrativos é um exemplo de estratégia visando aumentar a rentabilidade do negócio;
- *tática* — é o detalhamento da estratégia em ações específicas a serem empreendidas. As ações que possibilitam o atendimento diferenciado desses grupos, como personalização e criação de canais de comunicação direta com os clientes, são formas de operacionalizar a estratégia;
- *objetivos* — são a descrição da situação futura desejada. A quantificação de parâmetros ligados às táticas, como grau de satisfação dos clientes e taxa de clientes atendidos através de canais de comunicação direta, ilustra possíveis objetivos a serem alcançados.

A formulação das estratégias empresariais varia de uma empresa para outra, de acordo com o seu porte, o mercado em que atuam e sua participação nele, o seu faturamento, a sua cultura, o perfil dos líderes, entre outros fatores. Mintzberg, Ahlstrand e Lampel (2000) não só identificam 10 escolas conforme o grau de formalização dos processos de planejamento e execução da estratégia, como também partem de diferentes premissas quanto ao seu papel no ambiente gerencial.

O leitor deve estar se perguntando: se há tantas visões distintas, qual caminho seguir? Essa é uma pergunta que não admite resposta definitiva, sob pena de fazermos afirmações precipitadas. Futuramente, ao se aprofundar nos estudos sobre estratégia, você encontrará seus próprios caminhos. Por enquanto, a análise terá por base um modelo mais estruturado, no qual a importância do ambiente é evidente em várias etapas do processo de formulação estratégica do marketing. A figura 3 sintetiza o âmbito dos planejamentos estratégico, tático e de auditoria de marketing, mostrando alguns modelos e técnicas a serem utilizados em suas várias etapas.

Figura 3

PLANEJAMENTO DE MARKETING

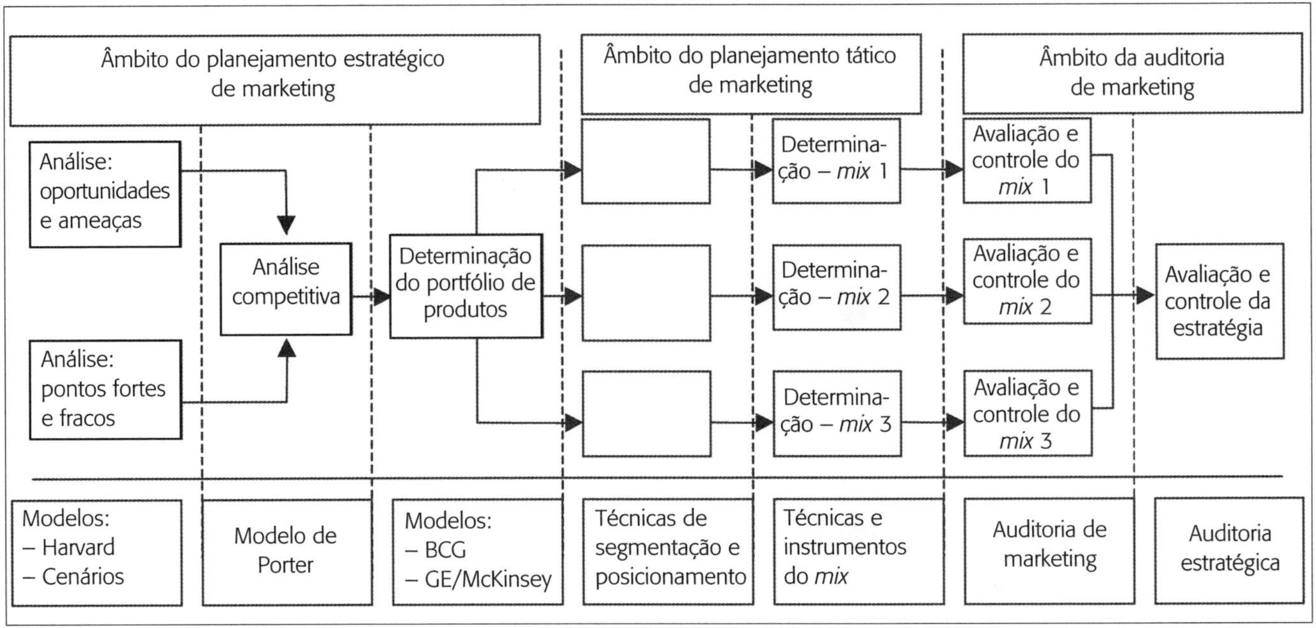

Fonte: Rocha e Christensen, 1999:264.

A primeira etapa do planejamento estratégico de marketing consiste na análise do ambiente geral, incluindo as ameaças e oportunidades para a empresa, bem como seus pontos fortes e fracos.

A segunda etapa focaliza o ambiente de competição e sua atratividade, seus atores, os fatores de vantagem para os competidores de um mercado, além das possíveis formas de competição.

A terceira etapa visa determinar o portfólio de produtos — ofertas da empresa — mais adequado, usando os dados obtidos anteriormente e técnicas de análise de mercados específicos: modelo de Harvard, análise de cenários, modelo de Porter, BCG e GE.

A primeira etapa do planejamento tático consiste na seleção do mercado-alvo e na busca dos diferenciais adequados para esse público. Que mercado a empresa pretende trabalhar? E, nesse mercado, que consumidores podem gerar retorno financeiro adequado? Que benefícios eles procuram? Como se destacar em relação à concorrência? É possível fornecer esses diferenciais?

A segunda etapa se ocupa da concepção e execução das ações para atingir os objetivos selecionados na etapa anterior, ou seja, a operacionalização das ações. O resultado concreto dessa etapa é o composto de marketing (*marketing mix*) — ou os quatro pês: produto, praça, preço e promoção —, que será detalhado no capítulo 4.

Finalmente, na primeira etapa da auditoria de marketing busca-se avaliar a correta execução do planejamento tático, e na segunda fase cuida-se do monitoramento e da avaliação do planejamento estratégico.

O ambiente e seus impactos na gerência de marketing

O leitor pode estar se perguntando: como utilizar essa estrutura para elaboração das ações de marketing? Qual o meu papel nesse processo? Que fatores devem ser analisados? Quem define as estratégias e as táticas?

Enquanto a estratégia está ligada a decisões gerais e abrangentes, as táticas visam objetivos específicos e, de preferência, quantificáveis. Dado o foco mais amplo da elaboração das estratégias, o processo de formulação e decisão situa-se no nível da alta gerência, enquanto as táticas ficam num nível gerencial mais próximo do operacional. Essa estrutura rigidamente hierarquizada no processo de desenvolvimento das estratégias e táticas é questionada por algumas escolas citadas por Mintzberg (2000), que ressalta a importância da participação dos diversos níveis gerenciais na sua formulação.

A análise da figura 3 permite uma série de conjecturas. À primeira vista, os efeitos do ambiente sobre a ação de marketing se restringem ao âmbito do planejamento estratégico, pois é nessa etapa que se definem as metas e os objetivos que servirão de base para a execução do planejamento tático de marketing.

Essa visão, entretanto, não leva em conta as diversas interfaces que o gerenciamento de marketing exige, o que é um equívoco muito mais comum do que se deveria esperar. Exemplo disso é o gerente de marketing que repete fórmulas passadas de sucesso sem senso crítico, não percebendo que as premissas desse sucesso são o retrato de um passado que não mais reflete a realidade.

As ações gerenciais estão relacionadas a uma estratégia estabelecida numa fase anterior, com base em premissas que não necessariamente se concretizam. Será que o gerente deve manter as mesmas táticas, caso as premissas deixem de ser válidas?

Acaso o leitor se lembra da decisão do governo de reduzir o IPI após a crise de outubro de 2008? Tanto empresas como consumidores sentiram os efeitos e as consequências desses eventos. Imagine uma empresa que hoje tenha metas e objetivos já estabelecidos para um cenário econômico de crescimento, com o cenário pós-crise indicando uma brutal queda no consumo. Será que suas ações táticas devem permanecer inalteradas? Sua política de vendas e pessoal deve ser mantida? Outros produtos devem ser priorizados? Imagine que a empresa decida, então, rever sua estratégia e reduzir pessoal, estoques e compras, sendo pega de surpresa pela ação do governo na política fiscal que reduzia o preço final de diversos produtos para os consumidores.

Logicamente, uma análise mais detalhada poderia ter previsto a possibilidade de crise devido à inadimplência no mercado imobiliário americano ou a resposta do governo à crise, e estabelecido outras metas e objetivos para a ação tática, além de ações contingenciais para novos cenários durante a fase de planejamento estratégico. Porém, como isso nem sempre ocorre, o profissional de marketing deve estar preparado para mudanças no ambiente.

Afinal, o que influencia o marketing? De que maneira? Como estabelecer um padrão de acompanhamento dos fatores que o influenciam? Uma vez definido o âmbito operacional de um programa de marketing, podem-se analisar os efeitos do ambiente sobre o seu gerenciamento. A figura 4 mostra um modelo adaptado de Etzel, Walker e Santon (2001).

Cada um desses elementos será analisado a seguir.

Figura 4

AMBIENTE DE UM PROGRAMA DE MARKETING

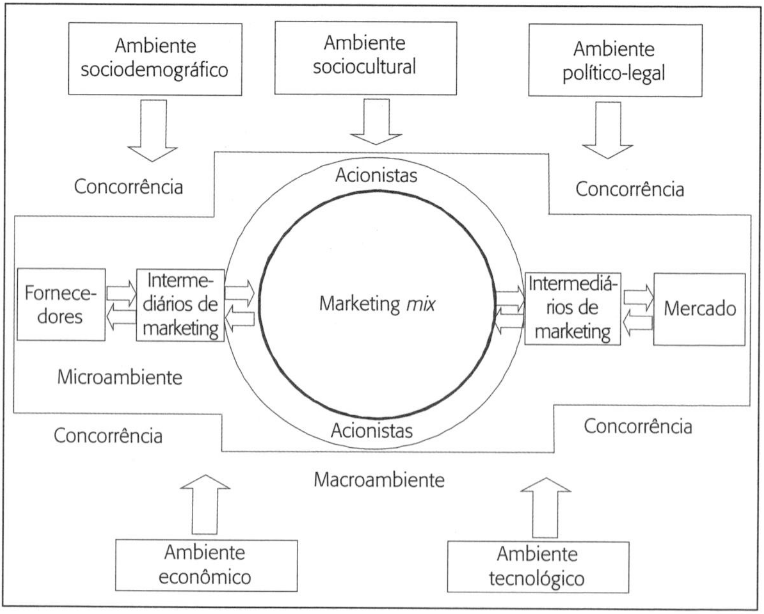

Fonte: Adaptado de Etzel, Walker e Santon, 2001:47.

O macroambiente

Uma mudança de governo, a elevação da taxa de juros, uma guerra, um atentado terrorista, por exemplo, são fatos que marcam uma nação e criam muitas apreensões e expectativas.

Esse ambiente de incertezas é o macroambiente, abrangendo os níveis nacional e internacional. Os impactos das mudanças aí verificadas transcendem os limites do ambiente de concorrência e refletem-se na sociedade como um todo, e não apenas no mundo corporativo.

As ações das empresas em conjunto, logicamente, podem causar modificações no macroambiente a médio ou longo prazo. Daí falar-se em ambiente de ação indireta, pois em geral uma empresa isoladamente não tem capacidade para controlar os efeitos de uma mudança nesse ambiente ou, pelo menos, para modificá-lo de forma perceptível.

As forças que atuam no macroambiente são dispostas em diferentes categorias, como se pode ver na figura 4. Mas nem por isso cabe imaginar que esses ambientes mantenham total isolamento entre si. As forças que atuam num deles terão efeitos a longo prazo nos demais.

O forte crescimento econômico do Japão nas décadas de 1970 e 1980 foi fruto do avanço tecnológico, o qual, por sua vez, estava diretamente ligado à melhoria do nível educacional, que permitiu formar pessoas mais capacitadas. O investimento em educação e pesquisa foi viabilizado pela alta taxa de poupança interna da população japonesa. A postergação do consumo é típica de uma sociedade que prega a moderação e a prevenção quanto ao futuro. Essa mesma moderação foi depois considerada uma das principais causas do fraco crescimento econômico do Japão nos anos 1990, pois, com a diminuição das vendas no mercado externo, o poderoso mercado interno do país poderia servir para compensar essas perdas. No entanto, a maioria da população consumia bem menos do que seria capaz. Para mudar esse quadro, promoveram-se campanhas visando estimular o consumo, sem grandes resultados no início. Muitas vezes as razões que levam ao sucesso podem também contribuir para o fracasso.

A seguir apresentaremos os componentes do macroambiente e discutiremos seus efeitos sobre a prática de marketing.

Ambiente sociodemográfico

É o ambiente relacionado às características populacionais, incluindo aspectos como faixa etária, renda, gênero, escolaridade, raça, nacionalidade, tamanho da família, taxas de natalidade e mortalidade, ocupação e religião. Lembra-se do censo demográfico? Por que será que o país precisa conhecer e quantificar as características de sua população? Podem-se analisar os efeitos do ambiente demográfico em três níveis da prática de marketing. No estratégico e no tático buscam-se elementos que possibilitem elaborar uma estratégia e planos de ação. No nível de auditoria avalia-se a aplicação das estratégias e táticas, e reavaliam-se as premissas daqueles planejamentos. Do ponto de vista estratégico cumpre analisar as tendências atuais e futuras, e estudar formas de prever ameaças e oportunidades para os negócios. No plano tático buscam-se meios de aproveitar essas oportunidades e de anular possíveis ameaças.

O envelhecimento da população brasileira pode ser visto, numa perspectiva estratégica, como uma grande oportunidade para as empresas de previdência privada, através do atendimento dos mercados que possibilitem um retorno adequado aos investimentos. A tarefa de conhecer e sensibilizar os segmentos desse mercado faz parte do plano tático. Da mesma forma, a melhoria dos níveis de renda e escolaridade de parcela considerável das famílias de ascendência negra nas últimas décadas é uma boa oportunidade de marketing a ser explorada em nível estratégico. Conhecer as aspirações, as necessidades não atendidas e os elementos de identificação desse grupo faz parte do plano tático de marketing.

Segundo pesquisa mencionada por Nucci (2003), a classe C — famílias com renda entre quatro e 10 salários mínimos — foi a única a ter aumento em participação no consumo desde 1996. Portanto, empresas interessadas em expandir suas vendas poderão elaborar estratégias direcionadas a esse grupo. Além disso, nas famílias da classe C, a parcela da renda destinada ao consumo que é gasta com as crianças é proporcionalmente igual ou superior à das classes A e B, o que possibilita estratégias direcionadas àquele grupo.

Do ponto de vista da ação gerencial, entender as motivações de compra desses clientes e suas preferências torna mais provável o sucesso no plano tático. De acordo com a pesquisa esse consumidor, quando vai às compras, evita as grandes empresas do setor de supermercados, privilegia a proximidade geográfica, busca promoções de preço, e não de quantidade, é suscetível à experimentação e não costuma tomar decisões por impulso. Tais constatações permitem elaborar abordagens muito mais eficientes.

Também aumentou consideravelmente o número de pessoas que vivem sozinhas e de casais sem filhos. Do ponto de vista estratégico, isso representa uma grande oportunidade para uma série de indústrias, como as de alimentos industrializados e de construção civil. Os tamanhos menores das embalagens de alimentos prontos congelados e os *flats* com serviços e divisão de cômodos pouco convencionais, do ponto de vista de uma família tradicional, são consequências da análise do ambiente numa perspectiva operacional. Além desses, que outros produtos ou serviços você desenvolveria?

A importância das características demográficas é inegável. Entretanto, como explicar a diferença de comportamento de grupos demográficos semelhantes? Quantas empresas multinacionais lançaram produtos em outros países, com base em estudos de semelhança demográfica, e não tiveram sucesso? Qual a razão disso? Veja a seguir.

Ambiente sociocultural

Trata-se de aspectos ligados à cultura dentro do ambiente social. Os costumes, as crenças, os valores, os estilos de vida e as tradições, transmitidos através de gerações, fazem parte do ambiente cultural. Numa sociedade há não apenas culturas dominantes, mas também diversas subculturas, o que a torna mais heterogênea e sujeita a apelos diferenciados.

Na sociedade brasileira a manifestação cultural que melhor expressa nossa unidade nacional é, talvez, o futebol. Durante a Copa do Mundo a rotina do país se modifica, e pessoas sem a menor ligação com esse esporte manifestam emoção patriótica exacerbada diante dos resultados dos jogos. Você também age dessa forma? Caso tenha respondido afirmativamente, não se preocupe, pois está simplesmente refletindo a cultura dominante.

Por outro lado, há diversos esportes que se concentram em regiões específicas, devido ao tipo de colonização, como o hóquei sobre patins, a bocha e o beisebol, que são manifestações de subculturas específicas. Em outras regiões você seria considerado exótico caso praticasse um desses esportes, pois faria parte de uma minoria com hábitos diferentes dos da cultura dominante.

Outra manifestação da cultura brasileira é o Carnaval. A maneira de festejá-lo, entretanto, assume diferentes formas nas várias regiões do país. Essas diferenças evidenciam traços de subculturas que formam a cultura nacional, como o Carnaval de rua de Olinda, os trios elétricos de Salvador ou o Carnaval das escolas de samba do Rio de Janeiro. Você provavelmente prefere a forma de comemoração de sua região, visto que expressa hábitos e valores semelhantes aos seus. Que efeitos práticos isso pode ter sobre o marketing? É fácil perceber tais diferenças nas promoções de um tradicional patrocinador dessas duas manifestações da cultura brasileira: a indústria cervejeira. Nas campanhas ligadas à Copa do Mundo de futebol o objetivo das comunicações e promoções é enfatizar a unidade cultural com uma mesma mensagem nacional. Já nas campanhas ligadas ao Carnaval existe a preocupação de valorizar peculiaridades regionais e reforçar aspectos locais da comemoração, buscando estreitar os vínculos com cada grupo específico.

Diversos outros aspectos podem ser destacados através da análise do ambiente cultural. Um deles é a percepção de que a vaidade masculina, no campo da estética, vem ganhando aceitação na sociedade. Isso permite vislumbrar uma boa oportunidade de expansão de mercado para a indústria de cosméticos, tradicionalmente concentrada no público feminino. Cabe aos responsáveis pela concepção das táticas encontrar meios de sensibilizar e motivar um público com valores diferentes do público feminino e ainda sob influência de uma cultura considerada machista, como a brasileira. Outro aspecto a ser considerado na análise do ambiente cultural, especialmente em grupos com melhor nível educacional, é a preocupação com o meio ambiente. Observa-se atualmente um processo de conscientização, através das escolas, meios de comunicação e organizações não governamentais, visando esclarecer a população quanto à necessidade de preservar o meio ambiente. Esse trabalho já surte efeito, como atesta o crescimento de serviços e produtos que incorporam a ideia de preocupação ou integração com o meio ambiente. A popularidade dos esportes radicais, que valorizam o contato com a natureza, especialmente entre os grupos mais jovens, e o crescimento do mercado de essências e sabonetes naturais e do turismo ecológico são manifestações dessa tendência.

Do ponto de vista estratégico, é fundamental as empresas perceberem que a associação de suas imagens à preocupação com o meio ambiente traz resultados positivos. Por exemplo, algumas empresas investem em projetos de preservação do meio ambiente e integração com a sociedade, obtendo assim um retorno de imagem que vai além do mero desempenho no mercado de vendas.

O fator cultural é fundamental para entender o comportamento de uma sociedade. Ele não está isolado de outros fatores e também sofre suas influências. Na China a preocupação com a superpopulação levou o governo a aplicar sanções legais para os casais que têm mais de um filho. É o ambiente político-legal influenciando outros ambientes.

Ambiente político-legal

Você dirige após consumir bebidas alcoólicas? A lei que restringe o consumo de bebidas alcoólicas pelos motoristas cria punições severas aos infratores. Em algumas cidades a fiscalização tornou-se frequente e dura, em outras o mesmo não ocorreu. Consequentemente o comportamento dos motoristas teve uma modificação mais acentuada nas cidades de maior fiscalização. As leis não são suficientes se não houver vontade política para lhes dar respaldo.

No que diz respeito às empresas, nenhuma delas está livre das consequências desse ambiente. Sua própria existência pressupõe o respeito à legislação nas esferas municipal, estadual e federal ou mesmo internacional.

A Embraer, no embate com a concorrência, sofre as consequências das gestões de países perante a Organização Mundial do Comércio (OMC), visando resguardar os interesses de suas empresas. A análise do ambiente permite verificar que o negócio da Embraer transcende a pura e simples compra e venda de aviões, representando interesses não somente de empresas, mas de governos nacionais. Assim, o apoio governamental às suas ações é fundamental para ela se tornar competitiva num mercado tão disputado.

A análise do processo de criação de barreiras ao comércio, a partir da legislação europeia e norte-americana, em relação à indústria de tabaco permite entender as estratégias de várias indústrias desse ramo: a diversificação através de novos negócios, como no setor de alimentos, e a busca de novos mercados, especialmente nos países subdesenvolvidos, onde a legislação é menos restritiva.

No Brasil, o Código de Defesa do Consumidor é um dos responsáveis pela mudança de comportamento de várias empresas no que tange às suas atribuições. Prova disso é a criação de serviços voltados para o relacionamento com o consumidor.

A privatização de setores como energia e telefonia mostra a influência do ambiente político-legal na condução dos negócios. Mercados monopolizados por empresas estatais passaram a ser geridos por empresas privadas, não raro com participação de capital internacional. Além disso, criaram-se agências reguladoras para definir os critérios de atuação das empresas do setor — a Agência Nacional de Energia Elétrica (Aneel) e a Agência Nacional de Telecomunicações (Anatel).

As empresas que acreditaram no processo de privatização desses setores montaram parcerias nacionais e internacionais, buscaram fontes financiadoras e prepararam seus estudos de viabilidade para participar dos leilões com muito mais competência do que as que perceberam essa oportunidade mais tarde.

Outro aspecto a ser considerado é a questão do respeito às patentes e à propriedade intelectual. Diversos países sofrem pressões, principalmente dos Estados Unidos, para criar barreiras legais e punir ações de pirataria. Em princípio, um mercado que não respeita esses direitos seria menos atraente. No entanto, abrir mão dos consumidores chineses e, em menor escala, dos brasileiros não pareceu ser uma boa opção para várias empresas, que preferiram entrar nesses mercados e fazer face aos produtos piratas, buscando formas de cooperação com os poderes Executivo, Legislativo e Judiciário a fim de dificultar a ação desse tipo de concorrência.

Acaso você imaginava que a campanha contra os produtos piratas e a apreensão e destruição desses produtos, tão divulgadas na imprensa, eram fruto de uma ação isolada das forças policiais?

A preocupação com o meio ambiente também se reflete nas disposições políticas e legais. Perceber a tendência da legislação e a disposição dos governos para viabilizá-la pode garantir grandes vantagens para as empresas que estejam preparadas para essas mudanças. Os frequentes desastres ecológicos ocorridos no Brasil podem levar a uma mudança de comportamento dos governos quanto à fiscalização e punição das empresas poluidoras. O que você imagina para o futuro?

A proliferação de financeiras voltadas para os aposentados e os funcionários públicos está intimamente ligada à legislação que permite o desconto de empréstimos em folha de pagamento.

Será que outros fatores também pressionam os governantes a modificarem a legislação ou a postura em relação à sua aplicação? Imagine um período de grave crise econômica, desemprego e pobreza. Será que os governantes manteriam uma postura rigorosa quanto à economia informal? Vejamos as implicações do ambiente econômico.

Ambiente econômico

Tal ambiente refere-se aos fatores econômicos que influenciam a percepção e o poder de compra dos consumidores, além dos esforços de marketing das organizações.

Consideremos o momento em que o Plano Real estava em seu auge. Quando a inflação se mantinha baixa e estável, mesmo com o aquecimento da economia, as pessoas encaravam de forma otimista a possibilidade de endividar-se para comprar algo de valor elevado. Comparemos com momentos de crise econômica no cenário externo, como nas crises com a moratória russa em 1998, no estouro da bolha da Nasdaq em 2001 ou na crise hipotecária americana em 2008. Nesses cenários o comportamento da população se tornou mais conservador. Certamente o ambiente econômico modificou a percepção da população, influenciando suas decisões de consumo, suas escolhas políticas e moldando seu comportamento.

A experiência brasileira é útil para vários administradores no que se refere à instabilidade econômica. Mudança de moeda, inflação alta, juros elevados, correção monetária, desvalorização cambial e choques econômicos fizeram parte do cotidiano brasileiro nas últimas décadas. Isso fez com que consumidores e empresas desenvolvessem maior capacidade de adaptação às condições de incerteza econômica.

Um dos fatores que influenciam a percepção e as escolhas dos consumidores é o ciclo econômico. Este reflete o nível de atividade de uma economia, podendo ser dividido em quatro estágios: prosperidade, recessão, depressão e recuperação.

No estágio de prosperidade os consumidores tendem a gastar mais, ser menos sensíveis a preço e comprar mais por impulso. As empresas, por sua vez, tendem a ampliar sua linha de produtos e aumentar seus preços, seus esforços promocionais e seus pontos de distribuição, além de agregar serviços.

No estágio de recessão os consumidores tendem a um comportamento de compra mais racional, buscando maior valor, comparando e trocando produtos, optando por aqueles mais simples e baratos. Já as empresas tendem a reduzir custos, baixar preços, diminuir a linha de produtos, restringir e melhorar seus serviços, além de buscar apelos racionais à compra.

No estágio de depressão as compras diminuem drasticamente. O consumo se volta para o básico, e o preço é fator determinante. Entretanto, generalizações dessa natureza podem ser perigosas, pois foi justamente no período da Grande Depressão de 1929 que a indústria do entretenimento americana teve um grande impulso. Analisar os fatores econômicos isoladamente pode levar a grandes equívocos.

No estágio de recuperação o reaquecimento do consumo se dá mais lentamente que o aumento do poder de compra dos consumidores. A experiência de um período desfavorável torna o consumidor mais consciente e precavido. Somente com a continuidade do processo de recuperação passa a haver uma aceleração na retomada do consumo. Exemplo disso foi o período pós-racionamento de energia elétrica no Brasil. Após a suspensão do racionamento, os níveis de consumo da população se mantiveram bem abaixo dos históricos. Gradualmente esse consumo cresceu, porém a uma taxa aquém das expectativas das distribuidoras de energia.

Outro fator que influencia o comportamento dos consumidores é a inflação, que reduz o poder de consumo, sobretudo das camadas da população que não são capazes de se proteger dos seus efeitos. O Plano Real demonstrou isso claramente, pois a rápida expansão do consumo então observada entre as classes mais baixas foi fruto da estabilização do poder de compra da moeda. Outra característica dos períodos inflacionários é a perda gradual da sensibilidade aos preços, quando a noção de caro e barato torna-se cada vez mais difusa.

A taxa de desemprego também modifica o comportamento dos consumidores. Mesmo quem está empregado costuma tornar-se mais contido em relação às suas compras quando percebe um ambiente com altas taxas de desemprego. Choques econômicos, como os do petróleo nos anos 1970, maxidesvalorizações cambiais e confiscos de ativos financeiros são situações que afetam o poder de compra e o comportamento dos consumidores, incentivando a poupança e reduzindo o consumo, no primeiro caso; diminuindo as viagens ao exterior e o consumo de importados, no segundo caso; e incentivando a busca de ativos reais como forma de garantia, no terceiro caso.

A análise do ambiente econômico permite estabelecer estratégias visando obter uma vantagem significativa em relação à concorrência. As empresas que percebem mais cedo os indícios de recuperação da economia podem preparar-se adequadamente, no campo tático, para a retomada da produção. O estudo dos grupos mais propensos à retomada do consumo, assim como dos meios mais efetivos para sensibilizá-los, facilita em muito a tarefa de recuperação das empresas.

A tecnologia também pode ajudar no processo de recuperação econômica de uma sociedade. O progresso dos países que investem em tecnologia de ponta é muito mais sustentável que o dos países que se diferenciam por mão de obra barata. Em que outras dimensões do marketing a tecnologia poderia influenciar?

Ambiente tecnológico

Você sabe qual é a tecnologia do seu aparelho de telefonia celular? O que a diferencia das outras? Que vantagens ela lhe traz? Você estaria disposto a trocar de prestadora para ter novos serviços e vantagens?

Os mercados são fortemente influenciados pelos avanços tecnológicos, cujos efeitos em nosso cotidiano são cada vez mais evidentes. A adoção de uma nova tecnologia pode viabilizar a criação de produtos revolucionários ou o acesso por parte de um grande segmento de consumidores.

A indústria farmacêutica desenvolveu diversos produtos para controlar a pressão sanguínea, os níveis de colesterol ou a ansiedade com um mínimo de efeitos colaterais, se comparados aos remédios de alguns anos atrás. O preço dos computadores, relativamente à sua capacidade de processamento, sofreu uma queda muito acentuada nos últimos anos, devido às novas tecnologias da indústria de informática. Isso possibilitou a popularização desses equipamentos em todo o mundo.

Com o desenvolvimento da fotografia digital, o mercado de filmes fotográficos diminui à medida que vai ganhando maior aceitação aquela nova tecnologia. Analisar o ambiente tecnológico é fundamental para o sucesso e a longevidade das empresas. Porém não basta perceber as tendências tecnológicas que irão modificar um mercado; deve-se, também, levar em conta o processo de assimilação dessas tecnologias pelos consumidores.

O impacto da internet sobre as formas de atuação das empresas em diversos mercados é praticamente irreversível. No entanto, as empresas e os investidores do mercado "ponto com" parecem ter superestimado a capacidade de absorção dessa tecnologia pelos diversos mercados. O fenômeno da queda dos índices Nasdaq em 2001, qualificado como o estouro da bolha especulativa das empresas da chamada nova economia, mostra bem a diferença de percepção entre os mercados consumidores e os investidores. Enquanto estes últimos apostavam em negócios que jamais haviam realizado lucros, os primeiros consumiam os produtos e serviços oferecidos via internet num nível muito aquém do estimado.

Outro aspecto a ser considerado no plano tático é a interação dos usuários com a tecnologia. Para uma empresa ter sucesso, não basta oferecer a melhor tecnologia, mas também benefícios específicos que satisfaçam os consumidores. O Classe A da Mercedes-Benz era um automóvel que trazia uma série de inovações tecnológicas, como controles de tração e estabilidade, freios ABS e diversos outros dispositivos de segurança de série. Entretanto, à época de seu lançamento, muitos consumidores o viram como o carro popular da Mercedes, que acabou ficando caro sem manter a imagem de exclusividade dos demais modelos da marca. Associar as tendências tecnológicas ao atendimento das necessidades dos clientes é primordial para o sucesso das empresas. A sedução pela novidade da tecnologia é passageira, ou mesmo inexistente, quando não se faz acompanhar de benefícios perceptíveis pelos consumidores, como pode ser comprovado pela interrupção da produção desse carro no Brasil. Tente lembrar outros casos em que ela foi superestimada pelas empresas ou malpercebida pelos consumidores.

Ambiente de concorrência

Você pensa em fazer carreira dentro da sua empresa? O posto do seu chefe é um objetivo a ser alcançado? E quem serão seus concorrentes? Seus colegas de departamento? Um funcionário de outra área ou mesmo de fora da empresa? A avaliação pode não ser tão simples.

A disputa pelos clientes, as ações e reações das empresas, a percepção dos consumidores com relação às ofertas existentes, tudo isso faz parte do ambiente de concorrência. As empresas que oferecem produtos a um determinado mercado-alvo constituem um ambiente competitivo. Essa definição permite dividir a concorrência em três níveis:

- *produtos similares* — pertencem a esse grupo as empresas cujos produtos competem diretamente entre si, devido às suas similaridades. Algumas empresas consideram como suas concorrentes aquelas que fornecem os mesmos tipos de produto. Por exemplo, a Olimpikus disputa com a Nike e a Adidas os clientes que compram calçados esportivos. A Arisco, quando entrou no mercado de amido de milho, desenvolveu uma embalagem similar à de sua concorrente, a Maizena, de modo a facilitar a percepção dos potenciais consumidores, já que essa marca era associada à própria categoria de produto. Os supermercados e as drogarias em geral disputam os clientes com ofertas semelhantes;
- *produtos substitutos* — as empresas que analisam não apenas os concorrentes diretos, mas também os que fornecem produtos substitutos ampliam a percepção de concorrência. Por exemplo, para compensar suas perdas com a popularização do fax e, posteriormente, dos e-mails, os Correios decidiram investir no segmento de entregas rápidas. Já os computadores pessoais, a internet, os *scanners* e os softwares de edição de texto tiveram forte impacto no mercado de fotocopiadoras, forçando uma reestruturação das empresas do setor. Dois aspectos estão intimamente ligados à percepção de produtos substitutos: necessidades dos clientes e tecnologia;
- *por tipo de cliente* — numa perspectiva ampliada, todas as empresas que vendem para um determinado grupo de clientes são concorrentes entre si, pois disputam um poder de compra e uma capacidade de atenção limitados. Os consumidores

com menos poder aquisitivo têm, muitas vezes, que optar entre a compra de um pacote de arroz ou de sabão para lavar a roupa. Há alguns anos a Amil lançou uma campanha mostrando que é mais importante adquirir um plano de saúde do que fazer uma assinatura de TV a cabo ou telefonia celular, numa evidente resposta à perda de poder de compra da classe média.

No plano estratégico a correta análise dos três níveis de concorrência, diante das tendências consideradas, permite traçar estratégias específicas. No plano tático a análise das ações dos concorrentes, associada à percepção que delas têm os clientes, permite formular táticas mais adequadas.

A campanha de um plano de saúde seria capaz de sensibilizá-lo? Procure entender as razões da sua resposta.

Passemos agora à análise do ambiente mais próximo à empresa, onde suas ações repercutem diretamente e a ação gerencial se faz mais presente.

O microambiente

Imagine um jogo de futebol em que o seu time é fisicamente superior, mas tecnicamente bem inferior ao adversário. Seria interessante ter um árbitro que fosse mais tolerante com as jogadas ríspidas? Conviria jogar num campo mais irregular, para dificultar o exercício da técnica? E quanto à presença da torcida como elemento de pressão ou incentivo?

Agora imagine-se como proprietário de uma oficina mecânica, buscando atrair a clientela feminina. Seria adequado ter calendários com modelos femininos nas paredes da oficina? A limpeza do local deveria ser uma preocupação? A forma de apresentação e atendimento dos funcionários deveria ser uma prioridade? E transmitir confiança à cliente, seria importante?

Os elementos citados fazem parte de um ambiente passível de intervenção e influência direta, o chamado microambiente.

As empresas, no desempenho de suas funções, sofrem a influência de outros ambientes e influenciam, em maior ou menor grau, os participantes desse cenário. O microambiente é considerado o ambiente de ação direta das empresas, onde o efeito de suas intervenções é mais facilmente percebido, podendo ser dividido em externo e interno.

A chave do sucesso empresarial é o ajuste entre os microambientes interno e externo e o macroambiente. As ações no microambiente permitem operacionalizar os diferenciais competitivos de uma empresa. A adaptabilidade ao macroambiente possibilita a sobrevivência da empresa e até mesmo a acentuação de suas vantagens em relação aos concorrentes. Levitt (1990) enfatizou esses aspectos, porém deriva daí boa parte das críticas ao seu texto. Kotler e Singh (1981:39) criaram a expressão "hipermetropia de marketing" para descrever a capacidade de ver a distância acompanhada da dificuldade de ver de perto. Eles consideram que Levitt subestimou as forças do microambiente ao propor de forma tão simples a mudança de orientação das empresas em função das necessidades dos clientes. Certos aspectos relacionados à estrutura e à cultura da empresa, à concorrência e à própria indústria normalmente não comportam mudanças repentinas. Além disso, como tais características representam o diferencial competitivo da empresa, abandoná-las não é uma medida simples nem necessariamente a mais indicada.

Microambiente externo

A figura 5 mostra os elementos da cadeia de valor que faz os produtos e serviços chegarem ao mercado. Os elementos que não estão sob o controle direto da empresa constituem o microambiente externo: mercado, intermediários de marketing, fornecedores e acionistas. Seu comportamento influencia as decisões administrativas da empresa e é por elas influenciado. Vejamos cada um deles.

Figura 5

MICROAMBIENTE EXTERNO E INTERNO

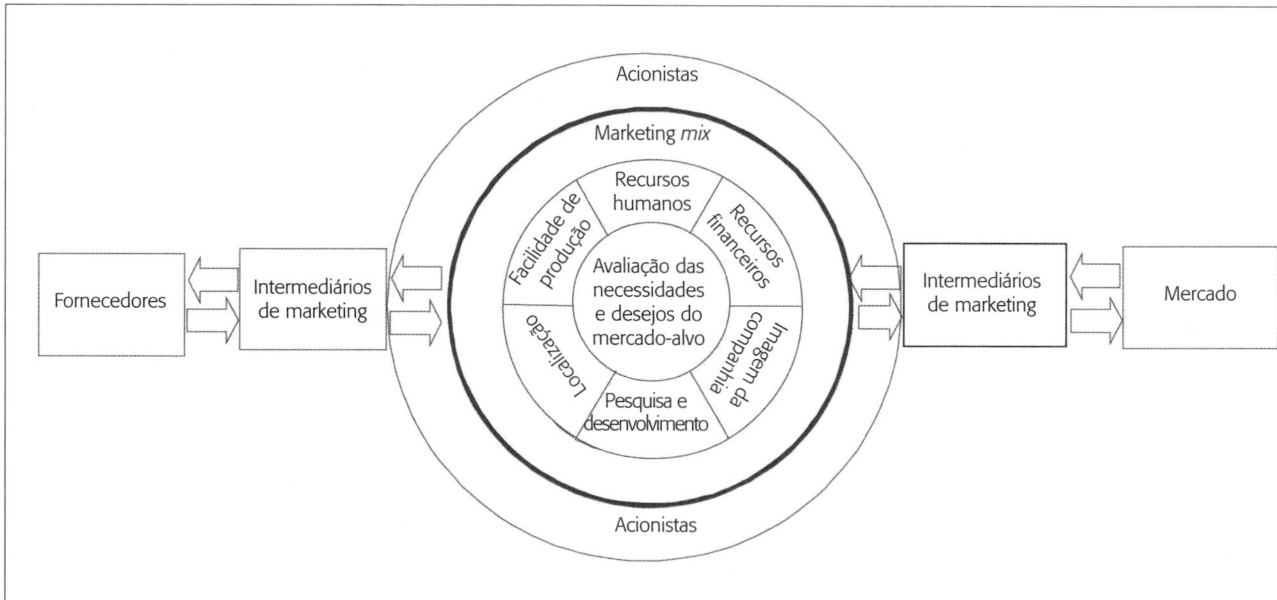

- *Mercado*. Alguns autores, como Kotler e Armstrong (1998), definem mercado como o conjunto de consumidores reais e potenciais de um produto. O conceito de produto, nesse caso, engloba serviços, ideias, lugares, pessoas ou outros elementos que satisfaçam as necessidades e os desejos desses consumidores. Daí a importância de conhecer as características, os comportamentos, as preferências, as expectativas e os valores desse grupo, para melhor atendê-lo.
- *Intermediários de marketing*. No processo de fornecimento de produtos e adequação de ofertas aos mercados, certas empresas desempenham o papel de intermediários, como, por exemplo, atacadistas, varejistas, representantes de vendas, armazenadores, transportadoras e financeiras. Vários programas de marketing fracassam no atendimento do mercado por negligenciar a importância desse grupo.
- *Fornecedores*. Um grupo fundamental para o sucesso do marketing de uma empresa é o de fornecedores. Dificilmente uma empresa poderá atender bem o mercado se não tiver fornecedores confiáveis, cujos produtos sejam de boa qualidade.
- *Acionistas*. Outro grupo que pode ser considerado como externo ao gerenciamento de marketing da empresa são os acionistas. No caso de empresas pequenas, seria mais adequado considerá-los como parte do ambiente interno, pois em geral são também gestores. Os acionistas não têm uma atuação direta na concepção e execução do marketing *mix*. Entretanto, qualquer insucesso ou resultado diferente do desejado por eles pode ensejar pressões por mudanças na política de marketing da empresa.

A análise do microambiente externo deve ser feita de forma cuidadosa e detalhada, pois seus frutos estarão presentes na concepção de estratégias e táticas de marketing. A indústria automobilística ilustra bem a importância desse ambiente. A partir da análise do mercado, várias empresas perceberam a necessidade de ampliar a quantidade de modelos e opcionais disponíveis. A estratégia escolhida por algumas montadoras para atingir esse objetivo foi a construção de fábricas modernas, com módulos que permitem flexibilidade na montagem dos automóveis. Para dar mais velocidade e confiabilidade a esses processos, vários fornecedores foram trazidos para dentro da fábrica, numa aliança que busca benefícios mútuos.

Outra opção fornecida por algumas empresas é a montagem de um carro personalizado através da internet, reduzindo custos, racionalizando a produção e atendendo às necessidades do cliente. Uma análise apressada do ambiente poderia deixar de lado as concessionárias e gerar atritos com esses intermediários ainda fundamentais no processo de distribuição e prestação de serviços para seus produtos.

Várias montadoras criaram também seus bancos, com a finalidade de financiar os compradores de seus veículos com juros mais baixos. O conjunto dessas ações pode gerar, a curto prazo, um custo elevado, prejudicando os resultados imediatos em termos de lucratividade. Logo, é fundamental que os acionistas estejam de acordo com essa iniciativa.

A importância de entender, influenciar e até mesmo dirigir o microambiente externo é evidente. Contudo, será que, internamente, também é necessário estabelecer tal controle?

Microambiente interno

Por mais contraditório que pareça, uma das tarefas mais árduas dos profissionais de marketing é convencer a sua própria empresa da necessidade de atender eficazmente o mercado. Não raro a operacionalização do marketing *mix* fracassa por falta de apoio de outras áreas. Carvalho e Chi (1991) destacam a dificuldade do mercado bancário em gerenciar o relacionamento com o cliente, dada a prioridade conferida aos diversos produtos que lhe são oferecidos. Um dos motivos é a falta de comunicação entre os sistemas gerenciais desses produtos. Tal problema, constatado há mais de uma década, ainda persiste em várias empresas. Ao que parece, a retórica de "estar ao lado do cliente" é mais fácil do que a prática.

Na figura 5 o microambiente interno é delimitado pelo marketing *mix* da empresa. Alguns dos componentes desse ambiente são descritos a seguir.

- *Recursos humanos*. Essa área da organização deve estar ciente da estratégia e da tática a serem executadas pelo marketing, pois para alcançar esses objetivos é necessário contar com pessoas com perfil adequado, motivação e treinamento para o desempenho de suas funções. A falta de colaboração dessa área provavelmente terá forte impacto na percepção de qualidade do produto fornecido.
- *Recursos financeiros*. Os administradores financeiros normalmente procuram cortar gastos e respeitar a previsão de despesas. Os clientes, por sua vez, não estão preocupados com a boa gestão financeira da empresa, e sim com as escolhas mais adequadas para o seu consumo. A expansão dos negócios mediante ampliação de unidades fabris e instalações de atendimento ao cliente pode demandar grandes investimentos, e o retorno deverá ser bem-demonstrado, a fim de convencer os executivos da área financeira. Despesas imprevistas são outro ponto difícil de negociar com a área financeira. Caso o marketing queira acompanhar uma promoção da concorrência e financiar compras de clientes em diversas parcelas, pode haver resistências internas devido ao custo de divulgação da ação e ao descasamento do fluxo de caixa previsto pelo setor financeiro.

- *Produção.* A área de produção ou operações é responsável pela confecção dos produtos. Para que haja confiabilidade e velocidade na sua fabricação, é necessário um mínimo de previsão e delimitação dos processos produtivos. Os clientes, por outro lado, buscam o oposto: maior diversidade de ofertas e maior personalização dos produtos com um custo adequado.
- *Localização.* O aspecto geográfico pode ser um grande diferencial para os consumidores. Proximidade, conveniência e praticidade são aspectos por eles valorizados e podem contribuir para o sucesso das ações de marketing, juntamente com a redução de custos e a rapidez de entrega.
- *Pesquisa e desenvolvimento.* A política de pesquisa e desenvolvimento de uma empresa é que define se ela vai liderar as ações no ambiente de concorrência ou simplesmente seguir o comportamento ditado pelos concorrentes. Empresas como a Intel se notabilizam por estar à frente da concorrência no desenvolvimento de produtos, mesmo que isso implique a perda de rentabilidade no curto prazo. O foco das empresas que investem fortemente em pesquisa e desenvolvimento está no médio e no longo prazo.
- *Imagem da companhia.* Todas as ações internas da empresa que tenham alguma repercussão externa contribuem para a formação de sua imagem. Em diversos negócios essa imagem é fundamental para o sucesso. O investimento nela é um processo contínuo e às vezes dispendioso, mas pode tornar-se um ativo de alto retorno.

O marketing das empresas faz a ponte entre os microambientes interno e externo. As tendências administrativas mais recentes apontam para a extinção da área de marketing. Como todas as áreas da empresa devem estar orientadas para o mercado, não mais seria necessária uma área específica de marketing para atendê-las adequadamente. Resta ver se essa tendência se confirmará no futuro.

Você gosta de jantar fora? Já quis, alguma vez, fazer em casa um prato sofisticado de que gostou muito? Algumas pessoas parecem ter o dom de perceber os ingredientes desses pratos mais elaborados apenas provando-os. Elas têm mais chance de reproduzi-los com sucesso do que outras pessoas menos intuitivas nesse campo. Caso você não tenha essas habilidades, como deve proceder? A resposta óbvia é: siga o processo já testado por grandes profissionais. E quais seriam os ingredientes para executar a análise e o planejamento das ações de marketing? Afinal, nem todos têm grande capacidade intuitiva nessa área, mas isso não os impede de serem bons profissionais de marketing, pois vários instrumentos foram desenvolvidos para suprir essa carência. Vejamos alguns deles.

Alguns modelos de análise para planejamento estratégico

A análise do ambiente e de seus componentes é crucial para o sucesso e a longevidade das empresas. Mas como analisar toda essa massa de informações? Entre os diversos modelos e técnicas de análise para planejamento estratégico desenvolvidos por empresas, consultorias e pesquisadores, destacaremos aqui os mais citados pelos especialistas nessa área.

- *Modelo de Harvard*. Consiste na avaliação equilibrada das características ambientais internas (pontos fortes e pontos fracos) e externas (ameaças e oportunidades). A análise criteriosa desses quatro aspectos constitui o Swot (*strengths, weaknesses, opportunities, threats*), base inicial de vários modelos de planejamento estratégico. O modelo de Harvard inclui também um elemento interno (os valores dos responsáveis pela implementação da estratégia) e outro externo (as expectativas mais amplas da sociedade). A diferença em relação ao Swot é a importância conferida às crenças dos líderes empresariais e ao papel da sociedade como elementos reguladores das empresas.

- *Análise de cenários*. Em ambientes turbulentos ou com várias possibilidades de desdobramento, a análise do futuro permite uma série de leituras. Daí o planejamento estratégico necessitar de premissas variadas como base para decisão. A análise de cenários fundamenta-se na descrição detalhada de possíveis ambientes futuros no que se refere a economia, sociedade, política e tecnologia, entre outros aspectos. Nessa análise costuma haver três cenários: o otimista, o realista e o pessimista. A partir deles se formulam as estratégias.
- *Modelo de Porter*. A concorrência num determinado setor econômico é definida por Porter (1986) em função da análise de cinco elementos: concorrentes, fornecedores, compradores, entrantes potenciais e substitutos. A atratividade do setor está ligada a esses elementos. Eis algumas condições que determinam baixa atratividade: rivalidade muito acirrada entre as empresas concorrentes, fornecedores com grande poder de negociação, compradores com grande poder de negociação, ameaça de entrada de novos concorrentes e existência de produtos substitutos com vantagens competitivas. O modelo estabelece uma lista de diversos fatores a serem analisados em relação aos cinco elementos que definem a concorrência no setor. O resultado dessa análise fornece um retrato bastante rico e variado, mas com elevado grau de subjetividade, pois varia de acordo com as

preferências do analista ou de seu acesso às informações. Além disso, o modelo carece de análises de cunho psicológico, sociológico e antropológico.

- *Modelo BCG.* Desenvolvido pelo *Boston Consulting Group* (Porter, 1986), esse modelo, também conhecido como matriz crescimento/participação, consiste na comparação entre o crescimento do mercado e a participação, nesse mercado, de diversos produtos ou de unidades estratégicas de negócios — partes da empresa que se caracterizam por centros de lucro e administração autônomos, atendimento a um mercado específico e departamentos funcionais próprios. A posição desses produtos nos quadrantes da matriz permite uma avaliação do fluxo de recursos a serem aplicados na sua administração. A figura 6 ilustra a matriz crescimento *versus* participação, na qual a posição dos produtos ou das unidades estratégicas de negócios nos quadrantes estabelece uma classificação:
  - *estrela* — produto que lidera, em participação, um mercado de alto crescimento, podendo gerar grande receita e gastos elevados para manter o crescimento;
  - *vaca leiteira* — produto que lidera um mercado de baixo crescimento, gerando receitas bem superiores às despesas;
  - *abacaxi ou cachorro* — produto que tem baixa participação num mercado de baixo crescimento, produzindo pequenos lucros ou mesmo prejuízos;
  - *ponto de interrogação ou oportunidade* — produto que tem baixa participação num mercado de alto crescimento; por estar num mercado muito atraente e em posição de inferioridade, exige grandes investimentos para garantir um crescimento sustentável.

Figura 6

MATRIZ BCG

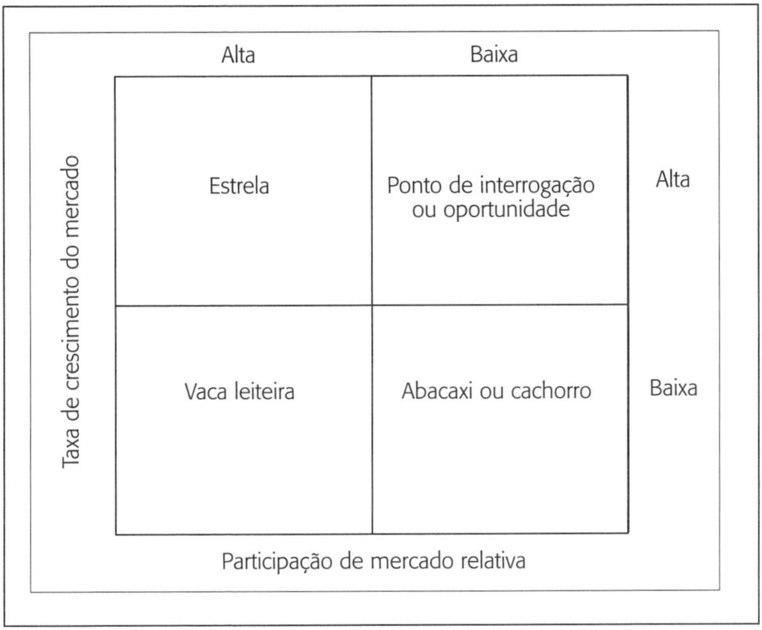

Fonte: Porter, 1986.

Como se pode ver, a necessidade de investimentos varia em cada situação. O fluxo de investimentos considerado mais adequado é o das vacas leiteiras financiando as oportunidades. Outros fluxos menos frequentes podem ocorrer em situações específicas ou conforme as crenças e os objetivos dos administradores.

- *Modelo GE/McKinsey*. Conhecido como matriz posição do negócio *versus* atratividade do mercado, esse modelo é um aperfeiçoamento do BCG e consiste numa matriz 3x3 em que se compara a posição do produto ou do negócio no mercado com a atratividade desse mercado, como mostra a figura 7.

Figura 7

MATRIZ POSIÇÃO DO NEGÓCIO *VERSUS* ATRATIVIDADE DO MERCADO

Atratividade do mercado / Posição do negócio	Forte	Média	Fraca
Alta	Proteger a posição	Investir para construir	Construir seletivamente
Média	Construir seletivamente	Seletividade/ gerenciar por ganhos	Expandir ou colher limitadamente
Baixa	Proteger e refocalizar-se	Gerenciar ganhos	Abandonar

Posição do negócio

Fonte: Adaptado de Day (apud Kotlere Keller, 2006:93).

Nesse modelo, o eixo "posição de negócios" é fruto da análise de diversos fatores: participação no mercado, crescimento da participação, capacidade de produção e capacidade gerencial, entre outros. A pontuação a ser atribuída deriva da ponderação e do julgamento de diversos fatores, segundo critérios subjetivos que variam de acordo com os valores e a percepção dos analistas. Da mesma forma, o eixo "atratividade do mercado" pode incluir fatores como tamanho, taxa de crescimento, necessidade de energia e margens de lucro desse mercado. A pontuação é similar àquela utilizada no outro eixo. A vantagem do modelo é facilitar a tomada de decisões. Evidentemente, a subjetividade inerente à avaliação pode levar a julgamentos e ações equivocados.

Agora você deve estar se perguntando: como aplicar todas essas informações? Trata-se de tarefa complexa, que exige integrar as análises em seus diversos níveis, internos ou externos, visando a satisfação dos clientes e, ao mesmo tempo, o retorno para a empresa.

Procure identificar que fatores no ambiente de marketing foram supervalorizados ou subestimados no mercado "ponto com". Por que empresas que apresentavam constantes prejuízos tinham um valor de mercado tão elevado? Por que muitos ainda subestimam o avanço da internet nos negócios das empresas? Que tipo de negócios são mais ou menos promissores, à luz das análises ambientais?

3

Analisando as oportunidades de mercado

No capítulo anterior, falamos um pouco sobre os atores de marketing. Agora vamos conhecê-los melhor. Esse é um dos requisitos para aumentar as vantagens competitivas de um negócio.

Como devemos chamar as pessoas que fazem negócios com as empresas? De que forma devemos posicionar as estratégias de marketing para o mercado consumidor? Existem abordagens diferentes para determinados tipos de mercado, como, por exemplo, o mercado empresarial? Eis o que tentaremos responder neste capítulo.

Os participantes do mercado

Evidentemente, o marketing pressupõe uma troca entre as partes interessadas. Em geral, diz-se que no mercado há dois tipos de participantes: os compradores, que podem ser pessoas físicas ou jurídicas, e os vendedores, que são as empresas fornecedoras de bens e serviços. Você já observou como alguns clientes são muito mais engajados do que outros? Vamos então começar analisando os compradores e, em seguida, os fornecedores.

Os compradores

Os compradores podem encontrar-se em vários estágios diferentes. Podemos classificá-los, por exemplo, de acordo com o nível de relacionamento com as empresas. Quanto maior o nível de afinidade com a empresa, mais alto o comprador estará na escala de relacionamento. Adotamos aqui a seguinte classificação:

- *suspect* — ainda não se relacionou com uma determinada empresa e não está claro se ele pode vir a ser um "bom cliente", isto é, um cliente rentável; portanto, ele é "suspeito" no que se refere ao interesse e ao resultado esperado;
- *prospect* — um degrau acima do estágio de *suspect*, porém com uma diferença importante: através de pesquisas, podemos identificá-lo como "provável" consumidor, potencialmente lucrativo;
- *consumidor* — deixou de ser "provável" e já experimentou, em algum momento, o produto ou serviço da empresa, mas não criou vínculos;
- *cliente* — existe algum tipo de afinidade com a empresa; o cliente já a considera como sua fornecedora ao escolher entre dois ou mais produtos ou serviços;
- *parceiro* — é o estágio em que se encontra um seleto grupo de compradores; o cliente está tão satisfeito que chega a defender a empresa no mercado. Alguns autores dizem que esses clientes são verdadeiros "advogados" da empresa.

A figura 8 esquematiza os estágios de relacionamento entre compradores e vendedores. Os compradores podem subir degraus com a progressiva intensificação do relacionamento.

Figura 8

OS ESTÁGIOS DO RELACIONAMENTO ENTRE COMPRADORES E VENDEDORES

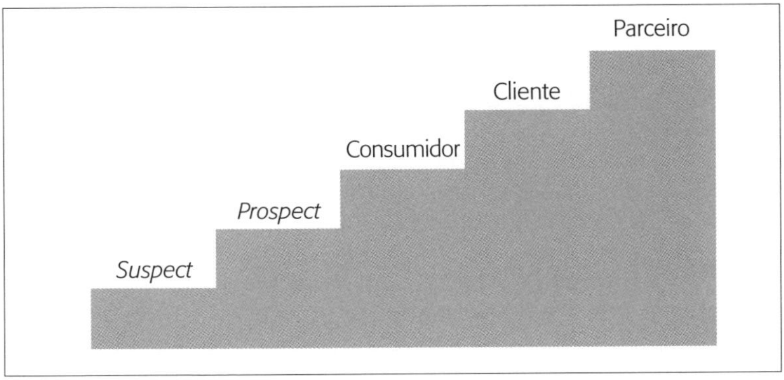

Os fornecedores

Costumam-se classificar os fornecedores em seis tipos, conforme o produto ou serviço que produzem e o mercado em que atuam:

- *mercado B2C ou mercado consumidor* — formado por empresas de produtos de consumo de massa e varejo que se relacionam diretamente com o consumidor final (*business to consumer*);
- *mercado B2B ou mercado empresarial* — formado por empresas que negociam entre si, num relacionamento conhecido como *business to business*; tais empresas contam com profissionais de compras capacitados para negociações mais complexas;
- *mercado global* — a ideia de que seu seu mundo é seu mercado é amparada pela estratégia de buscar o lucro onde quer que ele esteja; negociar com essas empresas exige preparação e treinamento da força de vendas;

- *mercado do terceiro setor ou mercado sem fins lucrativos* — seu *staff* tem-se mostrado altamente organizado e com um ingrediente a mais: a paixão pela causa que defende; esse mercado está em franca expansão no Brasil, encontrando eco em projetos sociais;
- *mercado governamental* — constituído por empresas ou departamentos dos governos federal, estadual ou municipal; geralmente possuem um sistema complexo de aquisição, de modo que a equipe de vendas e marketing deve conhecer a fundo a legislação referente a licitações;
- *mercado um a um* — pequenas empresas ou profissionais liberais que prestam atendimento personalizado, como por exemplo o *personal trainer* que atende em domicílio.

A classificação dos compradores e dos fornecedores é útil para o marketing porque permite desenvolver ações diferenciadas de oferta e ajustá-las em função das reações da demanda.

Papéis exercidos pelos compradores

Dependendo da função do comprador no processo de negociação, ele pode exercer um único papel ou vários. Eis alguns dos papéis que podemos exercer:

- *iniciador* — quem dá a ideia e o primeiro passo para a compra;
- *influenciador* — quem influencia implícita ou explicitamente a compra;
- *decisor* — quem toma efetivamente a decisão final;
- *comprador* — quem despende tempo na compra propriamente dita;
- *usuário* — quem consome e utiliza o produto ou serviço;
- *financiador* — não é necessariamente o comprador: é quem paga a conta.

Você já deve ter convidado um cliente para almoçar e conversar sobre um negócio ou mesmo combinar uma viagem. Se você levou mais alguém para auxiliá-lo, sabe que papéis todos vocês exerceram? Você foi o iniciador, e o seu ajudante, o influenciador, enquanto o seu cliente foi o decisor, já que tinha a última palavra no negócio.

Orientação das empresas

No capítulo 1 você conheceu três tipos de orientação mercadológica e certamente entendeu suas respectivas razões históricas. Agora vamos aprofundar o tema e incluir novos conceitos.

A orientação de uma empresa se traduz no seu esforço de investimentos em marketing, por exemplo. Para alguns autores, a antiga orientação para a produção foi substituída pela orientação para o marketing. No entanto, às vezes podemos ver uma mesma empresa adotando uma orientação conservadora para determinada linha de produtos e, ao mesmo tempo, uma orientação de marketing para outra linha. Segundo Kotler e Keller (2006), existem pelo menos cinco tipos de orientação empresarial: para a produção, para o produto, para vendas, para marketing e para marketing societal.

Orientação para a produção

São empresas que priorizam a alta eficiência de produção, a redução de custos e a distribuição em massa. Para elas, dois fatores induzem os clientes ao consumo: a disponibilidade de seus produtos nos pontos de venda e preços baixos. Essas empresas estão mais sujeitas aos ataques da concorrência.

Orientação para o produto

Empresas que focam suas atividades no desenvolvimento e na fabricação de produtos de qualidade que possam sempre ser aperfeiçoados. Segundo essa orientação, os clientes desejam produtos de qualidade, cujos atributos e desempenho possam mensurar. Essas empresas fabricam aquilo que julgam ser a melhor opção para os consumidores, independentemente da constatação de suas necessidades.

Orientação para vendas

Empresas que investem agressivamente em vendas, pois acreditam que os consumidores demonstram certa inércia e resistência, devendo, portanto, ser persuadidos. O objetivo dessas empresas é vender aquilo que fabricam, em vez de fabricar aquilo que o mercado deseja.

Orientação para o marketing

Nesse caso a orientação é baseada no cliente, em seus costumes, suas preferências. A orientação para o marketing adota uma perspectiva de fora para dentro, a fim de desenvolver melhor seus produtos e serviços, sua comunicação e distribuição. Primeiro analisa-se o mercado, suas necessidades e demandas, depois procura-se satisfazer os clientes e gerar lucros.

Orientação para o marketing societal

Essas empresas se concentram em satisfazer as necessidades, os desejos e os interesses sociais e ambientais das comunidades onde atuam. Seu foco é promover e preservar o bem-estar de seus clientes e funcionários e da sociedade em geral. Identifique cinco empresas que sejam admiradas pelos seus consumidores e você verá que elas provavelmente estão praticando o marketing societal.

As mudanças em nossa sociedade

Todos os indivíduos são consumidores de produtos e serviços. Você conhece alguém que não seja um consumidor? Vamos agora conhecer melhor essa figura imprescindível para o marketing, começando por descrever alguns aspectos relevantes da sociedade de consumo.

As necessidades do consumidor são a força motriz das estratégias de marketing. Porém, por mais que se esforcem para satisfazer essas necessidades, as empresas não conseguem acompanhar o ritmo das mudanças que ora se observam em nossa sociedade — composta essencialmente de consumidores. Algumas delas acabam por influenciar as estratégias de marketing das empresas. Por exemplo:

- a maior exigência, por parte dos consumidores, de respostas em tempo real;
- a saturação de certos setores da economia, outrora protegidos;
- o menor poder absoluto da propaganda, dada a proliferação dos meios de comunicação e das opções de lazer;
- o maior número de consumidores que rejeitam produtos sem causa aparente;
- a utilização do tempo disponível de forma diferenciada pelos consumidores;
- a proliferação de entidades que trabalham para livrar os consumidores de riscos;

- um maior contingente de consumidores bem-informados;
- a democratização da internet, com seus mecanismos de busca e comparação de preços.

Procure lembrar-se de outras mudanças que estão ocorrendo em nossa sociedade. Qual o seu impacto para o marketing? Que tal começarmos a estudar os hábitos de consumo? Assim poderemos entender melhor o nosso consumidor.

Estudando os hábitos de consumo

Schiffman e Kanuk (1997) afirmam que estudar os hábitos de consumo nos torna melhores consumidores. O profissional de marketing deve buscar certa isenção no julgamento dos hábitos dos consumidores. Saber como eles tomam suas decisões de compra pode permitir um melhor ajuste das estratégias de marketing, assim como conhecer-lhes o comportamento atual e passado possibilita predizer o seu comportamento futuro. Além disso, conhecendo melhor os consumidores as empresas poderão conhecer também os seus concorrentes por um outro prisma.

Pensar no mercado consumidor é pensar também nas pessoas ou empresas que dele poderão vir a fazer parte, para melhor direcionar os esforços de marketing. No entanto, atingir 100% dessa parcela requer tempo e grandes investimentos. A ideia de conquistá-lo gradualmente é o foco central da segmentação de mercado empreendida pelo marketing.

Segmentando o mercado

O mercado compõe-se de grupos de consumidores. Como, então, entender as necessidades de grupos específicos? Uma das alternativas é dividir o mercado em segmentos com características semelhantes, como, por exemplo, os frequentadores de academia de ginástica entre 25 e 35 anos que gostam de ler assuntos ligados a *fitness*. A partir desse exemplo, você provavelmente já percebeu que pode haver diversas modalidades de segmentação com o objetivo de identificar e, posteriormente, atender às necessidades de grupos de consumidores.

Pense a respeito de outros segmentos que poderiam ser estudados pelo marketing. Será que os torcedores de seu time teriam em comum certas características? E os seus colegas de curso? Que oportunidades poderiam ser desenvolvidas para esses segmentos?

Muitas empresas adotam a segmentação de mercado com a finalidade de atingir grupos selecionados de consumidores. A Tam, por exemplo, criou os cartões de fidelidade branco, azul e vermelho, de acordo com a frequência do cliente nos seus voos. O Bradesco lançou o conceito de "cliente prime", voltado para clientes especiais. O Itaú criou o *Personnalité*, para consumidores de alto poder aquisitivo.

Vantagens da segmentação

Apesar de serem únicos, os consumidores podem apresentar, num dado momento, características similares, permitindo assim que as empresas estabeleçam ações de marketing mais precisas. A segmentação pode esclarecer questões fundamentais para o gerente de marketing. Por exemplo, conhecendo o comportamento passado dos consumidores, ele terá melhores condições de prever o seu comportamento futuro. Outra vantagem da segmentação é possibilitar o desenvolvimento de produtos e serviços customizados para os grupos escolhidos.

Portanto, a segmentação permite à empresa identificar lacunas no mercado e criar planos de marketing específicos para cada segmento, adequando produtos e serviços ao mercado em questão. Uma boa estratégia de segmentação assegura vantagens competitivas em relação à concorrência.

De que forma as empresas segmentam seus mercados? A Natura, por exemplo, desenvolveu um produto chamado Chronos, para clientes que desejam retardar o aparecimento das temidas rugas faciais. Que fatores teriam influenciado o desenho de suas estratégias de comunicação? A faixa etária dos clientes foi certamente um desses fatores, e serve para exemplificar uma das categorias de segmentação mais conhecidas: a demográfica.

Categorias de segmentação

Existem muitas maneiras de segmentar o mercado consumidor. Para Schiffman e Kanuk (1997), isso pode ser feito tomando por base as seguintes características do mercado:

- fatores geográficos;
- fatores demográficos;
- características psicográficas;
- características de uso (por exemplo: taxa de utilização, *status* de conscientização e fidelidade à marca);
- situação de uso (noutras circunstâncias o consumidor pode mudar sua escolha);
- benefícios desejados;
- formas híbridas de segmentação, como a geodemográfica.

Sabendo identificar as oportunidades de mercado, os tipos de compradores e vendedores mais frequentes e como segmentar grupos de consumidores, você estará em condições de formular estratégias de marketing mais focadas e eficazes.

No próximo capítulo, você vai conhecer um pouco mais sobre o processo estratégico do marketing, o processo de produção e entrega de valor para o cliente, os passos para o planejamento de marketing e o *mix* necessário para o gestor obter sucesso junto ao seu público-alvo.

4

O processo estratégico de marketing

No capítulo anterior você ficou conhecendo melhor as partes que compõem o mercado e o seu funcionamento. Agora veremos como pôr em prática o que você aprendeu até aqui. Lembre-se de que, antes de implementar qualquer ação de marketing, é preciso fazer um planejamento e desenvolver estratégias, sempre pensando no segmento-alvo.

Os principais benefícios do processo estratégico de marketing são:

- aumento da eficácia das decisões gerenciais;
- diminuição de custos;
- eliminação de desperdício de verbas;
- aumento do foco nas necessidades organizacionais e do cliente.

Você já deve ter percebido que praticar o marketing é muito mais do que gerar ideias criativas ou produtos com promessas revolucionárias. É preciso planejamento, técnica e trabalho a partir de uma visão global do negócio. Um bom ponto de partida é conhecer o processo estratégico do marketing e seus desdobramentos.

Como vemos na figura 9, o processo estratégico de marketing engloba diversas atividades primordiais para a consecução dos objetivos traçados pelas organizações. Segundo Hooley, Piercy e Saunders (2001), as principais etapas desse processo se desenvolvem em pelo menos três níveis:

- *estratégia central* — compreende a definição das metas de marketing e do foco mais adequado para alcançá-las, o que pressupõe uma análise detalhada da capacidade da empresa (pontos fortes e fracos) e das oportunidades e ameaças apresentadas pelo mercado;
- *posicionamento competitivo* — inclui a identificação do mercado-alvo, a seleção das metas e a definição da vantagem diferencial ou competitiva da empresa;
- *implementação* — põe-se em prática a estratégia estabelecendo um *mix* de produtos, preço, promoção, distribuição e posicionamento; o sucesso da implementação depende dos métodos de controle da eficiência e eficácia da estratégia.

Podemos dizer que uma das funções primordiais do processo de marketing é articular um meio de abordar os mercados, a fim de atender às suas necessidades e concretizar as promessas feitas pela empresa a seus consumidores. Para tanto não basta simplesmente entregar um produto; é preciso agregar valor ao processo, como veremos a seguir.

Figura 9

Processo estratégico de marketing

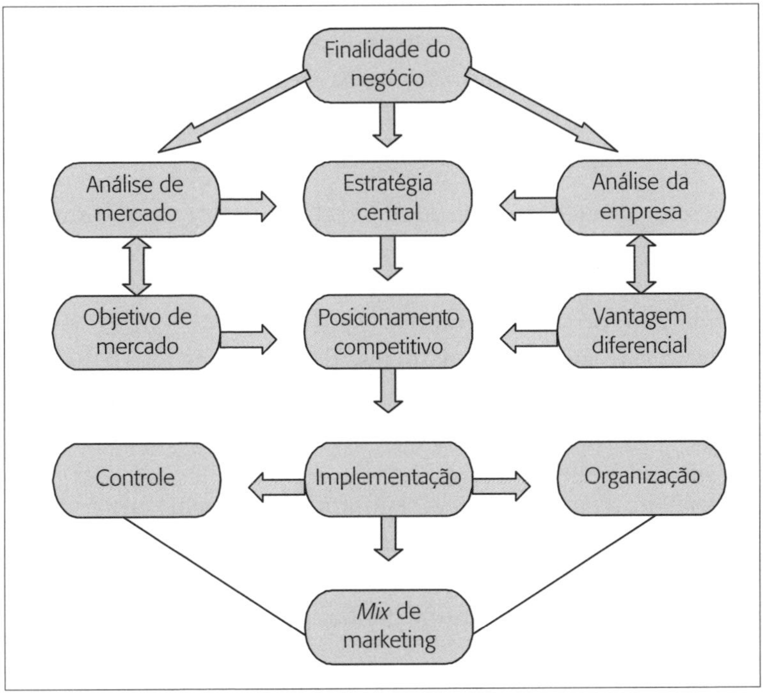

Fonte: Hooley, Piercy e Saunders, 2001:30.

O processo de entrega de valor

O processo de marketing visa fornecer valor ao mercado, com a condição de gerar lucro para a empresa. Ambos, empresa e cliente, se beneficiam com o processo. Além da entrega de valor, ele inclui o planejamento nos níveis corporativo, de divisão e de negócios. Segundo Kotler e Keller (2006), existem a visão tradicional e a visão do processo de criação e entrega de valor. Na visão tradicional a empresa fabrica e, em seguida, simplesmente vende o produto. Nesse caso, a organização sabe o que fazer e acredita que o mercado comprará um número suficiente de produtos para lhe trazer lucro. Essa visão é própria de economias com escassez de bens, nas quais os consumidores se preocupam menos com qualidade, recursos ou estilo. Portanto, não funciona em economias competitivas. Já a visão de criação e entrega de valor não compreende apenas a fabricação e a entrega de um bem. A empresa engaja-se em outras etapas, como seleção, entrega e comunicação de valor para os seus clientes. Kotler e Keller (2006) assim definem essas etapas:

- *seleção do valor* — fase do marketing estratégico que antecede a existência do produto e na qual há a segmentação dos clientes, a seleção do mercado-alvo e a definição do posicionamento do valor da oferta;
- *entrega de valor* — primeira fase do marketing tático, na qual se especificam o produto, os serviços e a distribuição, bem como se estabelecem o preço-alvo, a fabricação e a distribuição do produto;
- *comunicação do valor* — segunda fase do marketing tático, seu objetivo é informar o mercado a respeito do produto, utilizando-se a força de vendas, a promoção de vendas, o marketing direto e a propaganda, por exemplo.

Como se vê, o processo de criação e entrega de valor começa antes de o produto existir e engloba desde a segmentação do mercado-alvo até a comunicação ao cliente final. A figura 10 mostra que a entrega de valor nasce no âmbito estratégico e é implementada no âmbito tático.

Figura 10
SEQUÊNCIA DE CRIAÇÃO E ENTREGA DE VALOR

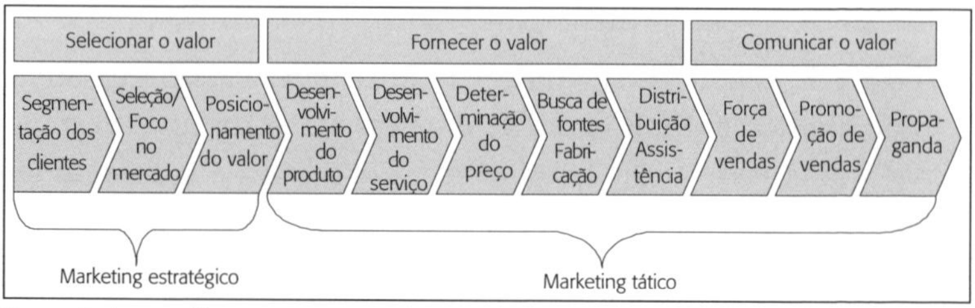

Fonte: Kotler e Keller, 2006:107.

Como o mercado torna-se cada vez mais competitivo, uma das funções estratégicas do profissional de marketing é elaborar o planejamento dessa área, visando, por exemplo, eliminar o desperdício de verbas ou aproveitar melhor os investimentos em propaganda.

As etapas do planejamento de marketing

O planejamento constitui a função preliminar da administração dos esforços de marketing e engloba diversas responsabilidades, tais como analisar as oportunidades, selecionar o mercado-alvo, definir as estratégias e controlar a sua execução. É preciso haver objetivos claros e meios para alcançá-los, partindo-se de premissas corretas que possibilitem aumentar as chances de retorno do investimento.

O planejamento estratégico pode ser definido como um conjunto de decisões a respeito de metas e objetivos, definindo a direção que a empresa deve seguir. É a base para se elaborar o planejamento de marketing.

O planejamento estratégico é mais eficiente quando implementado também nos níveis hierarquicamente inferiores da empresa, onde se dá a ação operacional. Entre esse nível e o institucional, podem-se evidenciar distinções de linguagem e de comportamento. Logo, o planejamento estratégico deve ser capaz de desdobrar-se em planejamentos táticos no nível intermediário, a fim de traduzir em planos de fácil entendimento as estratégias emanadas da direção da empresa.

Segundo Kotler e Keller (2006), as principais etapas do planejamento de marketing são a análise das oportunidades de mercado, o desenvolvimento de estratégias mercadológicas, a elaboração de programas e a administração do esforço de marketing.

Análise das oportunidades de mercado

Assim como um surfista sabe aproveitar as melhores ondas para vencer um campeonato, o profissional de marketing deve saber aproveitar as "ondas" de oportunidades que surgem a todo momento no mercado.

Primeiro, a empresa precisa saber quais são as suas oportunidades potenciais, para depois avaliá-las à luz das informações colhidas em suas pesquisas de marketing, tais como: necessidades e comportamento dos consumidores, ambiente de marketing, tamanho do mercado e demanda futura. Após verificar as oportunidades de mercado, a empresa está apta a escolher o seu público-alvo.

Desenvolvimento de estratégias

Uma empresa pode querer, por exemplo, incrementar suas vendas anuais em 20% e elevar o grau de satisfação de seus clientes em cinco pontos percentuais no primeiro semestre. Esses são exemplos de objetivos claros, estipulados em função dos indicadores projetados para um determinado período.

Traçar objetivos parece fácil para todos nós; o difícil é alcançá-los. Para tanto é necessário formular estratégias, levando em conta aspectos como viabilidade, custos de execução, estrutura e pessoal.

O ciclo de vida de produtos e serviços divide-se em introdução, crescimento, maturidade e declínio. A estratégia adotada para um produto pode sofrer ajustes periódicos após o seu lançamento. Além disso, a escolha da estratégia depende da posição ocupada pela empresa no mercado e das oportunidades e desafios com que ela se depara.

Tradicionalmente as estratégias se originam na alta cúpula da organização, o que não quer dizer que elas sejam simplesmente impostas de cima para baixo, pois isso comprometeria a sua execução e o grau de participação dos colaboradores. É necessário que as estratégias permeiem toda a empresa. Logo, convém estruturar um plano de marketing que contemple o desdobramento de suas ações em todos os níveis da empresa e que controle a sua implementação.

O plano de marketing

Os gerentes de marketing precisam tomar decisões referentes a despesas, *mix* de marketing e alocação de verbas para transformar as estratégias em programas viáveis. Primeiramente a empresa deve decidir o gasto necessário para atingir os objetivos de mercado, em geral estabelecendo o orçamento de marketing como uma porcentagem da meta de vendas. O orçamento total deve ser dividido entre as várias ferramentas do *mix* de marketing.

Cada vez mais cobram-se do marketing resultados econômicos e financeiros. Toda e qualquer estratégia de marketing deve deixar bem claros os ganhos para a empresa e para a sociedade. Os ganhos projetados a partir das ações mercadológicas podem ser de ordem financeira e imediata; de ordem econômica e, portanto, realizáveis a longo prazo; ou, ainda, de ordem social, cuja mensuração é mais sofisticada. Usar o balanço social das empresas como estratégia de marketing é uma tática recente, mas de grande impacto. Alguns autores já a defendiam desde a década de 1980.

Porém, nenhum plano será aprovado se não deixar claro por que a empresa deve investir recursos de diversas naturezas numa determinada direção. Às vezes, durante a elaboração do plano de marketing, chega-se à conclusão de que a estratégia não dará o resultado esperado, e isso deve ficar bem claro para a diretoria. Ou seja, há casos em que se decide abortar a ação proposta. A importância do documento está exatamente em projetar resultados factíveis. O estudo que antecede a sua elaboração é completo e minucioso.

Num plano de marketing não se pode esquecer de definir a missão da empresa, pois nela é que se busca a orientação básica para o que vem depois. Além disso, o plano deve incluir uma análise ambiental que retrate fielmente a situação do mercado e da empresa nele inserida. Mas é preciso definir claramente a abrangência dessa análise, que pode referir-se, por exemplo, a uma marca (caso existam várias), a uma categoria de produtos, a produtos novos ou a um segmento de mercado.

Igualmente importante é estabelecer objetivos e metas de marketing, incluindo-se aí os lucros, o incremento da participação no mercado, a satisfação de necessidades e desejos dos clientes, entre outros. Cabe aqui chamar a atenção para um erro muito comum: incluir no plano de marketing os investimentos estratégicos da empresa cujo retorno é de longo prazo, quando, na realidade, eles devem ser contemplados no planejamento estratégico. Não se deixe enganar! O marketing não pode se responsabilizar pelo retorno de investimentos que dizem respeito a toda a empresa.

O plano inclui necessariamente uma proposta de estratégia a ser seguida, com seus desdobramentos, sendo esta o âmago, a parte principal do plano. Por fim, cumpre definir mecanismos de controle, tanto de investimentos quanto de execução e de retorno. Tais mecanismos, ou cronogramas, podem e devem ser periodicamente revistos e adaptados à realidade.

Mas não existe plano de marketing perfeito; tampouco se pode elaborá-lo e guardá-lo para utilização no futuro. Sua aplicação deve ser imediata, visto que as mudanças no comportamento tanto do mercado quanto do consumidor exigem o reajustamento dos objetivos, das metas e da estratégia.

Administração do esforço de marketing

A etapa final do processo é a organização dos recursos de marketing, seguindo-se então a implementação e o controle do plano. O responsável pelo departamento de marketing deve realizar duas tarefas: coordenar o trabalho de todas as pessoas do setor e trabalhar em conjunto com os diretores dos outros departamentos. À medida que se implementam os planos de marketing, podem surgir surpresas e decepções, de modo que o *feedback* e o controle se tornam indispensáveis. Segundo Kotler e Keller (2006), há três tipos de controle de marketing: o controle por planos anuais, que monitora as metas de vendas e lucros; o controle de lucratividade, que avalia a lucratividade real de produtos, grupos de clientes e canais de negócios; e o controle estratégico, que verifica periodicamente se a estratégia de mar keting da empresa é adequada às condições de mercado.

Portanto, para administrar o esforço de marketing é necessário trabalhar em conjunto com diversas áreas, obter o máximo possível de *feedback* do mercado e ajustar rapidamente as ações diante de novos desafios.

Desenvolvendo o marketing *mix*

Marketing *mix* é a combinação de ingredientes de que os profissionais de marketing se valem para atingir os objetivos de retorno. Segundo o conceito tradicional, trata-se dos quatro pês: produto, preço, praça (distribuição) e promoção. O quadro 1 mostra as diversas competências, decisões e atividades relacionadas com o composto de marketing.

Quadro 1

O MARKETING *MIX*

Variáveis do marketing *mix*	Decisões e atividades possíveis
Produto	Desenvolvimento e teste de mercado de novos produtos; modificação de produtos existentes; eliminação de produtos que não satisfazem as necessidades dos consumidores; criação de nomes de marcas e formulação de políticas de marcas; garantia de produto; planejamento de embalagens (*design*).
Praça (distribuição)	Análise de vários tipos de canais de distribuição; desenho de canais de distribuição apropriados; criação de centros de distribuição; formulação e implementação de procedimentos para o manuseio eficiente de produtos; controles de estoque; análise de meios de transporte; minimização do custo total de distribuição; estudo de possíveis localizações para fábricas, atacados ou lojas de varejo.
Promoção	Definição de objetivos de promoção; determinação dos principais tipos de promoção a serem usados; seleção e programação de mídias de propaganda; criação de mensagens de propaganda; mensuração da eficácia das campanhas de propaganda; recrutamento e treinamento de vendedores; formulação de programas de remuneração de vendedores; definição de territórios de vendas; planejamento e implementação de esforços de promoção de vendas; elaboração e divulgação de textos de publicidade; integração de todas as comunicações promocionais.
Preço	Análise dos preços dos concorrentes; formulação de políticas de preço; escolha do(s) método(s) para a determinação de preços; definição de descontos para vários tipos de compradores; condições de vendas.

Fonte: Ferrell et al., 2000:95.

A curto prazo a empresa pode perfeitamente alterar fatores como preço, força de vendas e orçamento para publicidade. Já no que se refere ao desenvolvimento de produtos e aos canais de distribuição, só pode fazer alterações a longo prazo.

Produto

O produto é o elemento principal da estratégia de marketing e representa muito mais do que um bem físico porque, além de corresponder às necessidades e aos desejos dos consumidores, oferece benefícios e valores, como conforto, prestígio e segurança. Atualmente, como os serviços têm a mesma importância que os produtos, também fazem parte do marketing *mix*.

Entretanto, sabemos que não bastam benefícios para satisfazer o consumidor. Assim, o profissional de marketing deve pôr em foco o desenvolvimento de produtos cujo valor seja a capacidade de conceder benefícios ao comprador através de sistemas, processos e serviços complementares.

O lançamento de novos produtos é uma das decisões mais importantes para o marketing, mas depende do ponto de vista da empresa e dos consumidores. Ferrell e colaboradores (2000) mencionam seis estratégias de marketing relacionadas a novos produtos, a partir de graus decrescentes de modificação:

- inovação — pode resultar em novas categorias de produtos;
- novas linhas de produto — permitem à empresa entrar em novos mercados;
- extensões de linhas de produto — complementam com novos estilos e modelos uma linha já existente;
- melhorias ou mudanças nos produtos existentes — podem resultar em aumento da percepção da qualidade e do desempenho do produto modificado;
- reposicionamento — modificação (real ou através de promoção) de produtos existentes, objetivando atingir novos mercados;
- redução de custos — modificação para produtos que têm preços menores e desempenho semelhante.

Mas, como, então, anunciar os produtos de uma empresa? Devemos revelar todos os seus detalhes para os clientes?

É preciso considerar que os produtos podem representar para seus usuários muito mais do que simples utilidades. Por exemplo, um abridor de vinhos pode representar não só um dispositivo mecânico para extrair rolhas, mas também o prazer de saborear uma boa bebida. Um automóvel pode significar, para certa categoria de consumidores, não apenas um moderno meio de transporte, como também a sensação de liberdade ao dirigir pelas estradas.

Portanto, ao divulgar um produto ou serviço para um determinado público, é preciso primeiramente conhecer suas percepções para, então, decidir qual o apelo a ser usado num comercial. Veja alguns exemplos no quadro 2.

Quadro 2

CARACTERÍSTICAS E BENEFÍCIOS DE PRODUTOS E SERVIÇOS

Característica	Benefício correspondente
Carro *econômico*	Possibilidade de fazer mais viagens e conhecer novos lugares
Tênis com *amortecedor*	Aumenta a velocidade do atleta e diminui o impacto
Refrigerante de *dois litros*	Economia e praticidade de transporte
Luminária muito *potente*	Torna a leitura mais confortável
Curso de marketing *com instrutor*	Aumenta a quantidade de informações assimiladas pelo aluno
Pousada *com lareira*	Torna o ambiente mais romântico para um casal
Computador *portátil*	Facilita o transporte de informações e agiliza reuniões de trabalho

Em geral, por serem mais perceptíveis, os benefícios ganham maior destaque nos meios de propaganda. No entanto, certas categorias de compradores, como analistas de sistemas de grande porte, dão mais importância às características técnicas do produto. Assim, ao adquirirem um computador avaliarão características como capacidade de armazenamento no disco rígido e da memória e velocidade de processamento.

Um gerente de marketing não deve acreditar que o produto em si resolva todos os aspectos pertinentes à sua área. E se os carros fabricados por uma montadora não chegarem às concessionárias? E se os serviços de um hotel não estiverem disponíveis para os hóspedes?

Você não concorda que o bom produto sem uma estratégia de distribuição tende a fracassar? Quanto custaria para a Ambev, por exemplo, estocar indefinidamente seus produtos sem uma distribuição adequada? Certamente lhe custaria muito. Podemos dizer até que haveria perdas expressivas de fatias de mercado. Veja, a seguir, a importância do "P" de praça, também chamado de "distribuição".

Praça (distribuição)

Para muitas empresas, a distribuição é a atividade de marketing mais dispendiosa e também uma das mais importantes, já que pode representar um atendimento eficaz tornando a compra do cliente mais conveniente, fator crucial num mercado competitivo. A distribuição refere-se a um dos aspectos seguintes, ou a ambos:

- *canais de marketing* — conjunto de processos que permitem a circulação de produtos, recursos e informações entre produtores e consumidores;
- *distribuição física* — movimentação de produtos, de forma eficiente em termos de custo, na quantidade e no prazo adequados, até o local desejado; ou seja, demonstram-se ou entregam-se produtos ou serviços tangíveis ao comprador ou usuário. Existem canais de distribuição física e de serviços.

As empresas utilizam basicamente três canais de marketing para atingir seu mercado-alvo:

- *canais de comunicação* — para transmissão e recepção de mensagens (jornais, revistas, rádio, TV, telefone e internet). A tendência é o incremento significativo dos canais de mão dupla, nos quais o cliente pode interagir com as empresas. A internet pode ser também considerada um canal de relacionamento por sua característica bidirecional, o que é uma evolução do conceito de canal de comunicação;
- *canais de vendas* — para a realização de transações com compradores potenciais; são canais não apenas dos distribuidores e revendedores, mas também das instituições financeiras, bancárias e das companhias de seguro que facilitam as transações;
- *canais de relacionamento* — sendo vias de mão dupla, como a internet e os *call centers*, superam as limitações tradicionais dos outros canais, podendo inclusive cumprir suas funções. Na compra de um software pela internet, por exemplo, numa única operação o comprador pode ser informado a respeito da oferta, fazer o registro do pedido e receber quase instantaneamente o produto. O relacionamento é mais estreito e frequente do que a simples informação.

A implementação de uma estratégia de distribuição é fundamental para o sucesso da empresa. Porém, trata-se de um processo complexo e caro, já que é difícil mudar a estratégia depois de escolhidos os canais e acertados os contratos e os investimentos. Ferrell e colaboradores (2000) citam três estratégias básicas de distribuição relacionadas ao mercado e à exclusividade estabelecida entre fornecedores e compradores:

- distribuição exclusiva — um só estabelecimento vende o produto numa determinada região, obtendo exclusividade em sua distribuição;
- distribuição seletiva — vários estabelecimentos vendem o produto numa determinada região; atinge os clientes que fazem pesquisa de preços antes de comprar o produto;

- distribuição intensiva — venda do produto no maior número possível de estabelecimentos numa determinada região; o produto ganha assim maior exposição e mais oportunidades de venda.

Vimos a importância do produto e da distribuição no *mix* de marketing. Passemos agora à promoção, que significa muito mais do que propaganda.

Promoção

A promoção em massa pode se dar através da propaganda, da promoção de vendas e das relações públicas. Já para atingir compradores específicos, as empresas recorrem às vendas pessoais, que acarretam menos custos.

Kotler e Armstrong (1998) citam algumas decisões que a empresa deve tomar em relação à propaganda:

- objetivos — estabelecer se a propaganda deve informar, persuadir ou relembrar os compradores;
- orçamento — baseado na disponibilidade de recursos da empresa;
- mensagem — planejamento e implementação eficiente da estratégia da mensagem;
- mídia — definição do impacto, do tipo de mídia e do período de exposição;
- avaliação dos resultados — efeitos da propaganda sobre a comunicação e as vendas antes, durante e depois da campanha.

A promoção voltada para o consumidor final tem por objetivo aumentar as vendas a curto prazo ou ajudar a obter uma participação no mercado a longo prazo. Para tanto a empresa dispõe de algumas alternativas: induzir os consumidores a experimentarem um produto novo; afastá-lo dos produtos da concorrência; aumentar a compra de um produto existente; ou, ainda, manter e recompensar os clientes fiéis. As principais ferramentas da promoção de vendas são amostras, cupons, abatimentos, pacotes promocionais, prêmios, brindes, recompensas por preferência, demonstrações no ponto de venda, concursos, sorteios e jogos.

As relações públicas (RP) visam obter publicidade favorável e criar uma imagem positiva da empresa, tarefa que envolve as seguintes etapas: definição dos objetivos de RP, escolha das mensagens e veículos, implementação do plano de RP e avaliação dos resultados.

Preço

Segundo Ferrell e coautores (2000), o preço é o elemento mais flexível do composto de marketing, já que pode ser ajustado conforme as variações do mercado. Mas a mudança de preço pode ser arriscada, pois sabemos que ele está relacionado à percepção de qualidade, prestígio e imagem do produto.

É interessante observarmos se o gerente de marketing estabeleceu o preço ideal para atingir o equilíbrio entre as necessidades dos consumidores, as soluções alternativas e as necessidades de a empresa cobrir seus custos diretos e indiretos, obtendo um lucro aceitável.

Segundo Kotler e Armstrong (1998), ao estabelecer o preço a empresa deve considerar tanto fatores internos (objetivos de marketing da empresa, estratégia de *mix* de marketing, custos) quanto externos (natureza do mercado e da demanda, preços e ofertas dos concorrentes, conjuntura econômica, necessidades dos revendedores, ações governamentais).

Pesquisando o mercado

De modo geral, tendemos a acreditar que conhecemos o mercado, tomando por base a experiência pessoal, a comunicação boca a boca ou mesmo nossas próprias necessidades. Mas até que ponto fazemos parte do público visado pela empresa? Qual a nossa representatividade no universo de consumidores? A verdade é que, normalmente, nem mesmo fazemos parte do público-alvo, e nossa representatividade é pequena diante de qualquer universo a ser trabalhado.

A maior dificuldade está em aceitar que a pesquisa de mercado é o melhor instrumento de que dispomos para saber quem é nosso público-alvo, como ele pensa e como quer consumir. E o público-alvo, vale lembrar, é justamente a parcela do mercado que a empresa decidiu atender. Portanto, tal decisão tem que ser bem-fundamentada.

A pesquisa deve ser elaborada e conduzida por profissionais treinados, a fim de minimizar possíveis distorções. A elaboração das perguntas e sua ordem de apresentação são importantes. Se o resultado da pesquisa corroborar o que já se esperava, ótimo! Segue-se em frente. Caso contrário, não há demérito nenhum. Apenas fica comprovada a sua necessidade.

O que se pretende é conhecer melhor o mercado. A partir da análise dos dados obtidos pelos pesquisadores, é possível definir o mercado e o público visados. Com a pesquisa ficamos sabendo o que realmente importa para o público-alvo, como nosso produto ou serviço é visto no mercado, qual o grau de satisfação propiciado aos seus consumidores. Assim podemos ajustar melhor o composto de marketing, visando atingir esse público. Ficamos sabendo também quem são nossos concorrentes e como o mercado percebe o nosso esforço de comunicação. Estes são apenas os aspectos mais genéricos, mas muitos outros podem ser revelados por uma pesquisa bem-elaborada.

O resultado da pesquisa nos permite sintonizar a estratégia com o mercado. O valor a ser investido nessa sondagem não tem necessariamente que ser alto. Em se tratando de uma empresa pequena, buscam-se fontes de dados e, consequentemente, de informações cujo custo seja baixo ou nenhum, tais como periódicos e sites (na internet) especializados. O fato é que o investimento em pesquisa, desde que adequado ao tamanho do empreendimento, será sempre um bom investimento.

A diferenciação e o posicionamento

Além de conhecer o público-alvo e elaborar o *mix* que irá satisfazer às suas necessidades, o gerente de marketing deve diferenciar o produto de seus concorrentes e posicioná-lo de tal forma que aparente possuir as características desejadas pela maioria dos consumidores. Essas diferenças, que devem ser percebidas pelo consumidor, podem ser atributos físicos (características ou estilo do produto) ou psicológicas (imagem do produto). Sabemos que a marca é um dos grandes diferenciais do produto, mas existem também os serviços de apoio ao consumidor, a imagem e os descritores do produto.

Significado de posicionamento

Segundo Kotler e Keller (2006),

> o posicionamento começa com um produto, uma mercadoria, um serviço, uma empresa, uma instituição ou até mesmo uma pessoa. Mas o posicionamento não é o que você faz com o produto. O posicionamento é o que você faz com o cliente potencial. Ou seja, você posiciona o produto na mente do cliente potencial.

A formulação do *mix* de marketing pode ser comprometida se não houver identificação e seleção das vantagens competitivas e uma declaração clara da posição escolhida para o mercado. Hooley, Piercy e Saunders (2001:39) destacam a importância do posicionamento competitivo:

> é uma declaração dos mercados-alvo, isto é, em que a empresa irá competir. O posicionamento é desenvolvido para que as metas estabelecidas pela estratégia central sejam atingidas. No caso de uma empresa cujo objetivo é aumentar a participação no mercado e cuja abordagem ampla seja a de ganhar clientes do concorrente, o posicionamento competitivo será uma declaração exata de como e onde isto será realizado no mercado.

O posicionamento competitivo tem a ver com o modo pelo qual os clientes percebem as ofertas alternativas no mercado. Para posicionar produtos, serviços e marcas, é fundamental concentrar-se nos benefícios esperados pelo cliente. O quadro 3 apresenta alguns exemplos de posicionamento.

Quadro 3

PRODUTOS E PROVÁVEIS POSICIONAMENTOS

Produto	Posições
Aquecedor	Calor/economia/rapidez
Telefone celular	Comunicação/entretenimento
Jornais	Sensacionalismo/atualidades
Livro	Autoajuda/ficção

Tipos de posicionamento

Uma empresa deve posicionar-se de maneira estratégica para que o seu público-alvo a perceba por um determinado ângulo. Kotler e Keller (2006) citam algumas estratégias de posicionamento:

- posicionamento por atributo — produto com tamanho diferenciado e velocidade superior;
- posicionamento por benefício — liderança em benefício;
- posicionamento por utilização — o melhor para um determinado fim;
- posicionamento por usuário — o melhor produto para uma categoria de pessoas;
- posicionamento por concorrente — melhor do que a concorrência;
- posicionamento por categoria de produtos — produto líder numa categoria;
- posicionamento por qualidade — a melhor qualidade da categoria;
- posicionamento por preço — o melhor valor para o dinheiro gasto.

Fala-se muito no valor da marca, mas até que ponto isso é verdade? Como identificar marcas fortes? É verdade que ultimamente as marcas passaram a ter grande valor comercial. O que faz com que as marcas tenham valor de mercado é o seu posicionamento. Este, por sua vez, leva o cliente a relacionar o produto ou serviço a algum tipo de benefício específico, como qualidade, desempenho, confiabilidade, durabilidade, segurança, velocidade, melhor custo-benefício, menor preço, prestígio, estilo, facilidade de uso e conveniência.

Depois de aplicar todos os elementos de marketing apresentados até aqui, que tal verificar seus resultados? Será que o posicionamento pretendido pela empresa está sendo "lido" corretamente pelos consumidores? Uma companhia aérea, por exemplo, lança um cartão de fidelidade, contando assim facilitar a vida de seus clientes. Mas eles podem perceber o cartão como um entrave na hora de fazer reservas para seus destinos preferidos.

Organizando e controlando

A forma de organizar o esforço de marketing e o departamento de marketing é fundamental para o sucesso ou fracasso da estratégia. A empresa precisa de pessoas e recursos financeiros organizados para conseguir implementar uma estratégia eficaz. Eis as principais formas de organização do marketing:

- gerenciamento funcional — o departamento de marketing é formado por especialistas subordinados a um coordenador (gerente ou diretor), havendo os seguintes setores: gerência de vendas, pesquisa de mercado e desenvolvimento de novos produtos;
- gerenciamento de produtos (marca) — um único gerente é responsável por todas as atividades do marketing de um determinado produto.

Devido às grandes mudanças no ambiente de marketing, algumas empresas estão revendo o papel do gerente de produto. Como certos segmentos de mercado se mostram mais favoráveis a um bom negócio do que a uma boa marca, as empresas começam a substituir a propaganda nacional pela oferta de preços melhores e de promoções nos pontos de venda. Além disso, a força dos varejistas está aumentando, o que afeta a gestão da marca.

Você já notou que, no Brasil, as marcas de refrigerantes classificadas como tubaínas ou do tipo "B" estão ganhando mais e mais espaço nas prateleiras? Como isso vem afetando as marcas líderes? Um dos efeitos é o aperfeiçoamento contínuo dos diversos tipos de gerenciamento dessas organizações.

Tipos de gerenciamento

Hooley, Piercy e Saunders (2001) descrevem alguns tipos de gerenciamento que as empresas estão adotando para enfrentar essas mudanças:

- gerenciamento de categorias — cada categoria tem uma equipe com especialistas em marketing e em marcas, um gerente planejador de vendas e um especialista em informação de mercado para lidar com estratégia de marca, propaganda e promoção de vendas;
- gerenciamento de mercado — os gerentes de mercado são responsáveis pelo desenvolvimento de planos anuais e de longo alcance para as vendas e lucros; essa forma é ideal para empresas que vendem uma linha de produtos para diversos tipos de mercado;
- gerenciamento do relacionamento com clientes — os gerentes trabalham próximo ao cliente, procurando melhorar a coordenação das vendas, das operações e das campanhas de marketing;
- gerenciamento de desenvolvimento de produtos e marcas — o gerente é responsável pelo desenvolvimento estratégico de marcas e inovação.

Vale ressaltar que os profissionais responsáveis pela execução das diversas tarefas de marketing podem ser funcionários da própria empresa ou trazidos de fora. Entretanto, o uso de experiência externa é mais adequado para empresas que estão entrando em novos mercados, já que facilita o desenvolvimento do *know-how* necessário. As aptidões também podem ser aperfeiçoadas e aumentadas através do treinamento da equipe.

Gerência de marketing e integração

Existe marketing integrado quando todas as unidades de uma empresa trabalham em conjunto, visando atender aos desejos e às necessidades dos clientes. Dois são os requisitos para uma eficiente estratégia de marketing integrado: primeiro, deve haver integração entre as diversas funções de marketing (força de vendas, propaganda e atendimento ao cliente, entre outras); segundo, o marketing deve ser, de alguma forma, incorporado pelos outros departamentos. Estes, segundo Kotler e Keller (2006), devem "pensar o cliente". Para promover a integração e o trabalho conjunto dos departamentos de uma empresa pode-se adotar, além do marketing externo, o marketing interno. Veja a diferença entre eles:

- marketing externo — voltado para o público de fora da empresa, como, por exemplo, os clientes, *prospects* e *suspects*;
- marketing interno — treinar e motivar o corpo de funcionários para bem atender os clientes.

O controle de marketing

Imagine se a Nestlé, por exemplo, lançasse promoções de vendas e apenas no final do ano fosse aferir seu retorno. Certamente essa empresa — tão familiar ao consumidor brasileiro e que realiza promoções de grande vulto — atinge milhões de pessoas e não pode abrir mão do monitoramento sistemático de suas ações. A adoção de mecanismos de controle propicia maior segurança nos negócios e permite corrigir falhas de execução.

O departamento de marketing deverá passar a monitorar sua estratégia assim que ela for implementada. O desempenho, por exemplo, pode ser monitorado de duas maneiras: com base no mercado, acompanhando-se as vendas, o percentual de participação de mercado e a fidelidade dos clientes, ou com base no desempenho financeiro, comparando-se a contribuição do produto com os recursos utilizados em sua produção.

A eficiência da implementação da estratégia, por sua vez, pode ser monitorada através de uma avaliação detalhada de cada elemento do *mix* de marketing. Também é importante, no momento da implementação, o planejamento de contingência, no qual se prevê a reação da concorrência aos planos desenvolvidos.

Capacidades e competências da empresa

As capacidades se referem à habilidade da empresa de fornecer ativos por meio de processos organizacionais para alcançar o resultado desejado. Elas podem ser vistas, primeiramente, como estratégicas, funcionais e operacionais:

- capacidades estratégicas — possibilitam a definição de rumos e abrangem a capacidade da organização para aprender (adquirir, assimilar e usar a informação) e a capacidade de altos executivos para gerenciar a implementação de estratégias;
- capacidades funcionais — dizem respeito à execução de tarefas funcionais e incluem capacidades de marketing, de gestão financeira e de gestão de operações;
- capacidades operacionais — têm a ver com a operação de maquinário, a aplicação de sistemas de operação e o processamento de ordens; uma vez conhecidos o papel e as possibilidades do executivo de marketing, é importante encontrar formas de sistematizar a informação para poder definir, implementar e controlar estratégias visando estreitar o relacionamento com o cliente.

5

O sistema de informação e as estratégias de relacionamento

Na atual conjuntura, para sobreviver e crescer, as empresas necessitam de constante atualização. Para tanto, o fluxo de informações dentro das organizações deve ser intenso e chegar a todos os colaboradores. Nas empresas onde as informações fluem com rapidez, o clima organizacional é bom e o nível de motivação é alto.

O sistema de informação de marketing (SIM)

Existem nesse sistema três tipos de informação. O primeiro diz respeito aos dados adquiridos no dia a dia, como, por exemplo, os dados resultantes da análise das pesquisas de mercado e das atividades financeiras. O segundo tipo refere-se à inteligência relevante para as futuras estratégias dos negócios, a qual é difícil de ser desenvolvida, já que as fontes de informação variam constantemente. Por último, o terceiro tipo diz respeito a informações obtidas por meio de estudos e pesquisas não sistemáticos. Vale ressaltar que a utilidade de uma pesquisa de marketing é bem maior quando as informações são facilmente acessíveis, em vez de arquivadas. O quadro 4 apresenta os modelos de bancos de dados e suas características.

Quadro 4

MODELOS DE BANCOS DE DADOS CONFORME A APLICAÇÃO

Modelo	Características
Banco de dados operacionais	❑ Fornece essencialmente informações para ações operacionais. ❑ As informações são estanques em setores da empresa.
Banco de dados corporativos	❑ Fornece informações para ações gerenciais. ❑ As informações podem ser distribuídas aos vários setores para subsidiar ações gerenciais e operacionais. ❑ Os sistemas são mais "amigáveis".
Banco de dados para marketing	❑ Fornece informações para o atendimento de clientes em mercados diversos. ❑ Integração com outros sistemas para atender a necessidades de informações aos clientes e mercados.
Banco de dados para inteligência de marketing	❑ Alta integração com os vários setores da organização: produção, vendas, finanças, pesquisa, promoções. ❑ As informações são atualizadas, confiáveis, íntegras, não redundantes. ❑ Incorpora funções de apoio à decisão: interpretativa, diagnosticadora, monitoradora, preditora.

Fonte: Gonçalves, Jamil e Tavares, 2002.

Aplicação dos sistemas de informações

A utilização dos sistemas de informações pode revelar falhas no banco de dados, e essa nova necessidade de elementos torna-se um problema de pesquisa de marketing. Aaker, Day e Kumar (2001) citam alguns exemplos:

- ❑ o desempenho (vendas, fatia de mercado, contribuições, patrocínios) pode ser insatisfatório em relação aos objetivos;

- um concorrente pode lançar um novo produto ou utilizar uma nova estratégia publicitária, com consequências desconhecidas para a posição de mercado da empresa;
- um crescimento inevitável dos custos pode afetar a lucratividade; logo, é preciso avaliar várias possibilidades de aumento de preços;
- uma onda de interesse por uma alimentação mais saudável pode sugerir a uma empresa alimentícia a criação de uma nova linha de produtos.

Segundo Yourdon (1989), existem diferentes tipos de sistema. Quase tudo aquilo com que temos contato no nosso dia a dia é um sistema ou um componente dele. Podemos citar como exemplos os sistemas sociais e os biológicos. Yourdon divide os sistemas em duas grandes categorias:

- sistemas naturais — são encontrados na natureza, incluindo-se aí os sistemas físicos e os organismos vivos; certas características desses sistemas ajudam a compreender melhor a categoria dos sistemas feitos pelo homem, como, por exemplo, o uso da estrutura das colmeias na arquitetura, ou o estudo das asas de uma águia para aplicação na aviação de caça;
- sistemas feitos pelo homem — são construídos, organizados e mantidos por seres humanos; por exemplo, os sistemas sociais, financeiros, de transporte, de comunicações e de manufatura, inclusive o próprio sistema de marketing.

Ao longo da história, o homem tem procurado aperfeiçoar esses sistemas de modo que atendam melhor à sua finalidade. Com o sistema de marketing não é diferente, e sua evolução tem sido marcante nas últimas décadas. Vamos então conhecer o marketing direto, que hoje é tido como causa ou consequência da mudança, dependendo do ponto de vista.

O marketing direto

O marketing direto procura atingir mercados específicos a partir de ações direcionadas a públicos previamente qualificados no *database* marketing (DBM). Uma grande vantagem do marketing direto é permitir a comercialização a distância. Sua técnica possibilita que comprador e vendedor intensifiquem o relacionamento comercial ao longo do tempo.

Segundo a Direct Marketing Association — DMA (2002) —, a existência de catálogos remonta ao ano de 1498, logo após a invenção da imprensa por Gutemberg. O primeiro catálogo oferecia 15 livros de autores gregos. Muitos séculos depois, as vendas por correio cresceram extraordinariamente graças a Richard Warren Sears e Alvah Curtis Roebuck, que, ao explorarem o mercado do Velho Oeste norte-americano, atingiram a marca de 1 milhão de exemplares de seu catálogo.

Rapp e Collins (1991) mostram por que as empresas estão adotando uma nova forma de fazer marketing (quadro 5).

Quadro 5

"A GRANDE VIRADA" PARA O MARKETING DIRETO

Os meios mudando de		Para
Prospects e clientes desconhecidos	→	*Prospects* e clientes identificados
Voltados para a criatividade	→	Voltados para a resposta
"Rolo compressor" no mercado	→	Preencher cada nicho
Contando as impressões de propaganda	→	Contando cada cliente ganho
Monólogo publicitário	→	Diálogo com o consumidor
Bombardear o mercado	→	Construir relacionamentos
Consumidores passivos	→	Participantes envolvidos
Marketing de massa	→	Marketing direto de massa
Proposta única de venda	→	Proposta de valor extra
Distribuição via canal único	→	Distribuição via multicanais

Fonte: Rapp e Collins, 1991.

"A grande virada" significou maior aproximação entre as empresas e seus consumidores. Mas, como viabilizar o marketing direto, dada a multiplicação das transações e relações entre clientes e empresas? Vejamos os benefícios trazidos pelo *database* marketing nesse campo.

O *database* marketing (DBM)

Segundo Gonçalves, Jamil e Tavares (2002:112),

> *database* marketing é um sistema de informações baseado em tecnologia da informação (principalmente em *software*), com capacidade para apoiar as decisões operacionais e estratégicas de uma organização. É um sistema integrado de recursos informacionais, projetado e administrado pela inteligência de marketing, com a finalidade de apoiar as decisões mercadológicas da empresa.

O DBM permite, por exemplo, estruturar uma promoção de mala direta ou promoções específicas para os clientes potenciais e efetivos de uma empresa. Além disso, o banco de dados gera subsídios para pesquisas, cria o perfil dos consumidores, fornece meios para a implementação de programas lucrativos e ainda ajuda no planejamento e previsão de marketing.

O DBM é uma poderosa alavanca para o conhecimento da clientela potencial e, portanto, essencial para construir um relacionamento duradouro com o público-alvo.

O marketing de relacionamento

Os sistemas de informação gerencial, a *customer relationship management* (CRM) e o *database* marketing fazem parte do processo evolutivo do marketing, que agora exige informações em tempo real, já que visa um relacionamento mais próximo ou mesmo individualizado com os clientes.

A progressiva intensificação da concorrência, o aprimoramento da tecnologia de banco de dados e a necessidade de aumentar o tempo útil dos clientes junto às empresas fizeram surgir um novo tipo de marketing, mais sintonizado com as preferências dos consumidores e com maiores chances de longevidade na relação com os clientes. Segundo Madruga (2002:34), o marketing de relacionamento é

> um novo paradigma do marketing, e o seu conceito foi constituído a partir do campo de conhecimento de várias teorias, como o marketing de serviços, o marketing industrial, a gestão pela qualidade e as teorias organizacionais.

Apesar das várias definições existentes, pode-se dizer que o marketing de relacionamento é o esforço da empresa para desenvolver benefícios mútuos de longo prazo, utilizando a parceria como forma de resolver problemas complexos.

O marketing e a conectividade

O marketing possui ferramentas que possibilitam orquestrar a capacidade de resposta de uma empresa aos seus clientes. Para McKenna (1998), a vantagem competitiva das empresas deve atender a certas exigências do tempo real, tais como:

- analisar constantemente o *feedback* do cliente — em muitos casos, o *feedback* deverá provir do estreito relacionamento do cliente com as operações da empresa;
- agir de acordo com o *feedback* do cliente — isso requer uma colaboração dinâmica entre todos os departamentos e funções gerenciais da empresa, assim como entre os seus fornecedores e clientes;
- monitorar rigorosamente a qualidade e a velocidade de resposta da empresa ao *feedback* do cliente.

Portanto, não há dúvida de que o foco deve estar no cliente. É claro que o nosso maior interesse é acompanhar a evolução do comportamento daqueles a quem já atendemos ou queremos atender com produtos e serviços. O mercado exige, cada vez mais, que saibamos gerenciar o relacionamento com os clientes.

Customer relationship management (CRM)

A gestão do relacionamento com o cliente tornou-se o centro das atenções das empresas. Criada nos anos 1990 pela indústria de software, o CRM foi logo adotado pelos executivos de marketing como uma solução de negócios: deixou de ser apenas uma tecnologia para tornar-se uma forma de orientação empresarial baseada no cliente.

Milhares de empresas em todo o mundo vêm-se utilizando do CRM para concentrar o foco em estratégias visando estabelecer relacionamento duradouro com os clientes, comunicação personalizada bidirecional, múltiplos pontos de contato e novas formas de segmentação de mercado. Mesmo quando há diversos pontos de contato com os clientes, raramente as informações aí obtidas se incorporam a um sistema que reúna dados históricos e modelos analíticos inteligentes. Consequentemente as empresas não conseguem apontar com exatidão quais são os clientes lucrativos, os prováveis devedores de um empréstimo ou os que se identificam com determinados produtos, ofertas promocionais ou campanhas de marketing. Para elas é fundamental conseguir identificar, entre os seus clientes atuais ou futuros, aqueles que podem vir a ser lucrativos.

Na nova economia as empresas bem-sucedidas sabem como valer-se de avançados meios tecnológicos para personalizar cada interação eletrônica com o cliente. As soluções de CRM, integradas à essência dos sistemas de informação das empresas, podem aumentar a retenção do cliente, dando ênfase ao atendimento antes, durante e depois da venda inicial. Além disso, as empresas que utilizam estratégias efetivas de CRM estão mais preparadas para responder a questões vitais dos negócios: clientes e produtos lucrativos, valor vitalício, eficiência dos programas de marketing e rapidez de resposta aos clientes.

Já sabemos que o CRM não se limita apenas à tecnologia necessária para automatizar funções como vendas, marketing e atendimento ao cliente. Portanto, para constituírem uma estratégia efetiva e competitiva, as soluções de CRM devem estar integradas aos sistemas de informação da empresa e aos processos do negócio. Através dessa integração as corporações podem personalizar a interação com o cliente, aumentando assim as oportunidades de venda e a retenção de clientes.

Um bom ponto de partida é estudar a riqueza de interações que ocorre nos canais de contato com o cliente. Na atualidade são inúmeros, como e-mail, *call centers*, *chats*, SMS, mensagens de voz ou mesmo redes sociais.

Tão importante quanto realizar uma pesquisa de mercado é a necessidade de se controlar o relacionamento com o cliente, nos canais de contato. Uma das formas mais modernas é praticar a monitoria de qualidade de atendimento a partir de chamadas gravadas entre os clientes e agentes, ou mesmo em chamadas em tempo real, para se detectar oportunidades de negócios não realizadas, falhas operacionais e, principalmente, o comportamento dos clientes durante a interação. Madruga (2008) defende que o controle da qualidade do atendimento nos canais de contato é uma forma de se obter informações valiosas constantes por um custo competitivo, caso o processo seja criterioso dentro de pelo menos seis princípios (quadro 6):

Quadro 6

PRINCÍPIOS DA MONITORIA DE QUALIDADE DIFERENCIADA (MQD)

1. Busque a isenção do processo de monitoria num parceiro independente.
2. Estruture o processo de monitoria desde o planejamento amostral, passando pela execução e comunicação dos resultados.
3. Treine o time de monitores com métodos estruturados e com fundamentos da qualidade total.
4. Torne a quantidade de amostra realmente conclusiva.
5. Não foque somente no processo, mas sim no negócio.
6. Respeite as regulações do setor.

Fonte: Madruga, 2008.

No próximo capítulo, vamos ver como o marketing está evoluindo e como podemos obter vantagens competitivas ao estudarmos suas tendências.

6 Evolução e tendências do marketing

A internet e o marketing

Se antes as mudanças ocorriam de 20 em 20 anos, hoje elas se dão a intervalos cada vez menores. Como será que isso afeta o marketing? O melhor exemplo é a internet, que, até meados da década de 1990, era inexistente no Brasil. Desde então o crescente acesso à rede provocou uma mudança radical na prática do marketing: o ponto de venda e a promoção passaram a coexistir num mesmo canal. Em alguns casos, um mesmo canal promove o produto, providencia a sua entrega e viabiliza o pagamento. Quem poderia imaginar mudanças de tal ordem e com tal velocidade? De fato, o mundo tornou-se disponível através da tela do computador.

A presença física do comprador

O leitor deve estar se perguntando: e o que ocorre com a segmentação? Ela evolui. Os grupos atendidos podem estar geograficamente dispersos, e isso equivale a uma nova revolução em termos de estudo de mercado, planejamento de custos, precificação e customização. Com o advento da internet, as grandes empresas passaram a disputar pequenos mercados que antes não tinham atratividade. Por outro lado, agora elas enfrentam a concorrência de pequenos atores que antes ficavam restritos à sua área geográfica de atuação.

O hábito de compra também mudou com a internet. No passado, ter um estabelecimento comercial bem-localizado e bem-sortido era condição indispensável para o sucesso. Hoje, com a internet, as pessoas podem comodamente fazer suas compras sem sair de casa. Ou seja, é possível que a presença física do comprador se torne cada vez menos necessária.

À medida que isso se concretize, certos aspectos relativos às ações de marketing ganharão importância — por exemplo, tornar-se conhecido e ser facilmente localizável por mecanismos de busca na internet.

O aumento do poder da marca

Nesse ambiente de internet, uma marca forte tornou-se um diferencial competitivo de valor inestimável. Por quê? A maioria de nós, ao navegar, está em busca de novas informações, novas experiências. Por esse motivo, costumamos preferir os endereços eletrônicos sobre os quais já temos algum tipo de informação que nos leve a acreditar que visitá-los pode ser interessante.

As pessoas costumam desenvolver laços de união com certas marcas, tornando-se não só parceiras, mas verdadeiras torcedoras. Acreditam nelas acima de tudo. Os estrategistas de marketing têm que aproveitar esse relacionamento "quase desinteressado" para fidelizar os consumidores através de ofertas adequadas às suas expectativas.

As marcas diferenciam produtos e serviços, criando vantagens competitivas. Elas são ainda mais eficazes quando os produtos são muito parecidos ou quando o nível de informação a respeito deles é baixo e não permite uma escolha elaborada. As marcas comunicam promessas que devem resultar em satisfação do cliente. E é isso que leva o consumidor a comprar, por exemplo, um tênis cuja marca transmite a ideia de conforto. Logo, o importante é trabalhar para que a marca diferencie a oferta da empresa.

Ao mesmo tempo que grandes marcas vêm sendo valorizadas no Brasil, as marcas de segunda linha estão alcançando vendas significativas em função da conjuntura econômica, do crescimento do número de pessoas que passaram a fazer parte das classes C e D e do discreto aumento do poder aquisitivo destas classes.

Você já se deu conta de que algumas delas são líderes de mercado em segmentos de baixo poder aquisitivo, e por isso podem estar incomodando grandes fabricantes? Você concorda que o preço é decisivo nesse mercado?

Atualmente, um dos maiores diferenciais competitivos é, sem dúvida, o engajamento das pessoas no processo de marketing. Daí a importância de contar com colaboradores sintonizados com as estratégias empresariais.

O marketing de serviços

O marketing de serviços implica outras variáveis além daquelas do marketing de produtos, por diversas razões. Comecemos por uma definição clássica de Grönroos (1995), para quem o serviço é uma atividade, ou uma série de atividades, de natureza mais ou menos intangível, que é fornecida como solução para os problemas dos clientes.

Se o serviço é algo intangível, não pode ser estocado nem ter sua qualidade verificada antes da entrega, como garantir essa qualidade, se ele é produzido e consumido simultaneamente? O fato de o cliente participar do processo de produção e entrega

— pelo menos até certo ponto —, bem como a imposição funcional de que o controle de qualidade e o marketing se deem simultaneamente à produção e ao consumo do serviço configuram um quadro bem mais complexo.

Por esse motivo, embora o setor venha crescendo vertiginosamente em todo o mundo, o marketing de serviços ainda está apenas engatinhando. Mas certamente a chave do sucesso é manter o foco no cliente e em suas necessidades, procurando adequar a oferta de maneira customizada.

O atendimento ao cliente e a customização

Quando se fala em atendimento ao cliente, basicamente pressupõe-se bom atendimento, presteza, interesse, rapidez, simpatia, tratamento pessoal e flexibilidade. Tudo isso, evidentemente, associado a um produto ou serviço que atenda às necessidades e aos desejos do público-alvo. A combinação desses ingredientes, devidamente dosados, levará à fidelização do cliente.

Os produtos e os serviços estão cada vez mais parecidos. As empresas adotam práticas de *benchmarking* em ritmo acelerado, a tal ponto que é difícil para o consumidor comum perceber diferenças entre as ofertas de fornecedores diversos. Portanto, o cliente acaba dando preferência a opções nas quais os serviços gerem valor agregado, criando assim nítida vantagem sobre os concorrentes.

Os consumidores vêm dando cada vez mais importância à customização. Por outro lado, com a crescente automação dos processos as organizações procurarão reduzir custos, tendo em vista o atendimento a um mercado de massa. Presume-se que a customização envolvendo contato pessoal ganhará maior exclusividade, ficando reservada a clientes especiais, segmentados pelo seu poder de gerar lucratividade para a empresa ou, em alguns casos, retorno institucional.

Aliás, o retorno institucional tem sido cada vez mais enfatizado pelas empresas em suas estratégias de marketing. Nas melhores organizações, busca-se atingir o estágio de empresa cidadã, com méritos sociais reconhecidos.

A responsabilidade social e o marketing

Visto que o mercado está em constante evolução, agora as empresas buscam maior competitividade comercial concentrando-se não apenas na sustentabilidade de seus projetos, mas também na atuação social e ambiental dentro de suas áreas geográficas. Essa mudança de foco, vale dizer, foi fruto da pressão da sociedade, que cada vez mais premia com sua preferência as empresas socialmente responsáveis. Ressalte-se que, no Brasil, ainda estamos dando os primeiros passos para nos engajarmos nessa corrente mundial.

A discussão é interessante. Alguns autores alegam que, para investir no social e no ambiental sem prejuízo para o acionista, as empresas precisariam elevar sua rentabilidade, o que acabaria por gerar maior custo para o consumidor. Porém, entendemos que não só é possível, como também desejável, incluir ações de responsabilidade social na estratégia de marketing das empresas.

Analisemos primeiramente o ambiente interno. As ações de responsabilidade social, priorizando o desenvolvimento pessoal e profissional dos funcionários, as ações de medicina preventiva e a remuneração adequada pelo serviço prestado decerto motivam as equipes. Além disso, aumentam a produtividade e a lealdade para com o empregador, gerando assim maior lucratividade, menor rotatividade da mão de obra e menor absenteísmo. Vale a pena, portanto, incluir ações de responsabilidade social na estratégia de marketing interno das empresas.

Vejamos agora o ambiente externo. Como já foi dito, a diferenciação influi cada vez mais na escolha da empresa ou do produto pelos consumidores potenciais. As empresas procuram conquistar um lugar privilegiado na mente do seu público-alvo apresentando-se como líderes em seu segmento. Ora, certamente vale a pena, nessa estratégia de marketing, fazer-se lembrar como uma empresa socialmente responsável e prestigiada pela comunidade.

Tanto assim que certas empresas estão agora divulgando ao público anualmente seus balanços sociais, contendo informações sobre os recursos investidos em programas de desenvolvimento humano e social na comunidade, o número de empregos gerados e o volume de impostos e taxas recolhidos, entre outros dados. Tais balanços funcionam, pois, como instrumentos de marketing na medida em que procuram demonstrar o atendimento das necessidades daqueles com quem a empresa direta ou indiretamente se relaciona.

É claro que o que se pretende com isso é melhorar a imagem da empresa e assim reforçar a marca, aumentando não só a participação no mercado, como também a fidelidade dos consumidores. Portanto, a importância da responsabilidade social e ambiental tende a crescer nos próximos anos, assim como a ênfase dada pelas empresas ao marketing social.

O empreendedorismo

Em que consiste o empreendedorismo? Em ser empresarialmente proativo. O empreendedor é aquele que consegue enxergar oportunidades de negócios com maior rapidez e convicção que os demais. Por sua mente passam, em frações de segundo, diversos aspectos do empreendimento que o levam a confiar no seu sucesso.

E por que os empreendedores falham? A resposta mais lógica é: por falta de planejamento. E aqui nos permitimos acrescentar: por falta de planejamento estratégico em marketing. Por mais privilegiada que seja a mente de um empreendedor, é absolutamente improvável que ela funcione como um banco de dados. Assim, dificilmente estariam disponíveis todas as informações necessárias à avaliação correta do mercado.

Os empreendedores costumam avaliar inúmeros aspectos do negócio, tais como custos de implantação e de produção, preço de venda e margem de lucro. Mas se esquecem de levar em consideração que o mercado é soberano e pode decidir comprar não o seu produto, mas o do concorrente, por lhe parecer mais adequado às suas necessidades e desejos. Assim, o planejamento de marketing é essencial para garantir o sucesso empresarial.

Os empreendedores precisam entender que produtos e serviços, antes de serem oferecidos ao mercado, têm de ser desenvolvidos em função das necessidades do público-alvo, que podem ser conhecidas através de levantamentos feitos nos mercados previamente escolhidos pelo seu potencial de resultados. Ou seja, o empreendedor deve planejar estrategicamente o marketing de seu negócio e utilizar o *mix* para obter melhores resultados.

O marketing também tem papel fundamental na atração de investidores para o empreendimento. Sua influência vai desde a escolha do nome da empresa ou do produto até a elaboração e apresentação do plano de negócios. Este último deve despertar a atenção do possível interessado com base na sua percepção da conjuntura, de modo que uma apresentação não seja demasiadamente técnica, nem se torne desinteressante e desencorajadora. Numa etapa posterior, o marketing deve estar diretamente envolvido no relacionamento com os investidores, pelos mesmos motivos.

Outra área que deve receber atenção especial é a gestão com pessoas, na qual cabe ao marketing interno desenvolver suas ações, que vão desde a contratação de pessoal adequado à cultura corporativa até o treinamento, orientação e motivação do mesmo, como já vimos. Eis, em suma, a organização básica e lógica do pensamento que deve orientar os empreendedores.

Para alguns autores, em muitos casos o sucesso depende de certas características inerentes ao espírito empreendedor e que fogem à racionalidade. Mintzberg, Ahlstrand e Lampel (2000:111) assim enumeram as premissas da escola empreendedora:

- a estratégia existe na mente do líder como perspectiva, um senso de direção a longo prazo, uma visão do futuro da organização;
- o processo de formação da estratégia é, na melhor das hipóteses, semiconsciente, enraizado na experiência e na intuição do líder; este concebe a estratégia ou a adota de outros, interiorizando-a, posteriormente, em seu próprio comportamento;
- o líder promove a visão de forma decidida, até mesmo obsessiva, mantendo controle pessoal da implementação para ser capaz de reformular certos aspectos, caso necessário;
- a visão estratégica é maleável, de modo que a estratégia empreendedora tende a ser deliberada e emergente — deliberada na visão global e emergente na maneira pela qual os detalhes da visão se desdobram;
- a organização é igualmente maleável, uma estrutura simples, sensível às diretivas do líder; seja numa nova empresa, numa empresa de propriedade de uma só pessoa ou na reformulação de uma organização grande e estabelecida, muitos procedimentos e relações de poder são abolidos para se conceder ao líder uma ampla liberdade de manobra;

- a estratégia empreendedora tende a assumir a forma de nicho, isto é, uma ou várias posições no mercado protegidas contra as forças de concorrência direta.

Kotler (2003) também credita ao empreendedor boa parte do sucesso do negócio, chamando a atenção para o perigo da perda do entusiasmo inicial por conta da rotina e da acomodação. Assim, cumpre criar mecanismos para desenvolver talentos empreendedores em toda a organização, valorizando os indivíduos imbuídos desse espírito e recompensando as iniciativas de sucesso. O espírito empreendedor deve permear toda a empresa, contaminando todos os colaboradores. Estes, por sua vez, devem entender que sua função mais importante é a busca de oportunidades, não a resolução de problemas. Afinal, não é este o conceito básico com que o marketing trabalha? Fica clara, então, a forte ligação existente entre o marketing e o empreendedorismo.

O mercado ampliou-se, eliminando barreiras geográficas e acirrando a disputa entre as empresas. A evolução tem sido rápida, e o foco das organizações está centrado no consumidor. Uma nova ordem mundial está se esboçando, e a teoria competitiva empresarial que pode fazer a *interface* entre o mercado e as empresas é o marketing.

O marketing e a nova ordem mundial

Muito se tem falado sobre a globalização, sem levar em conta que o processo é antigo, fruto da evolução das civilizações, estando diretamente relacionado com os mercados e, portanto, com o marketing.

Desde os primórdios da história o homem vem procurando criar novos produtos para os mercados locais, e novos mercados para os produtos locais. Esse movimento expansionista se confunde com a própria trajetória social e econômica da humanidade.

A partir da Revolução Industrial, entretanto, essa tendência foi-se tornando mais evidente. Primeiramente, as empresas buscaram a internacionalização através da exportação de seus produtos, dispensando, na medida do possível, os serviços de terceiros. Depois, passaram a ter de fato uma atuação multinacional, estabelecendo filiais em outros países até atingirem o estágio de globais, operando nos cinco continentes e abastecendo boa parte do mercado mundial.

Até recentemente, porém, abastecer mercados globais era tarefa para empresas grandes, com invejável potencial de investimento. Hoje essa realidade mudou, tanto pela expansão da internet quanto pelo salto qualitativo dado pelas empresas de logística e de distribuição. Acima de tudo, pela evolução do mercado mundial, que trocou o modelo de substituição de importações e, consequentemente, o protecionismo a empresas locais, por um modelo de trocas com nível satisfatório de valor agregado para o consumidor. Assim, assistimos à redução das barreiras tarifárias em todo o mundo, ensejando um fluxo comercial tão livre quanto possível.

A reunificação da Alemanha e a dissolução da União das Repúblicas Socialistas Soviéticas incorporaram ao mercado global milhões de consumidores antes inacessíveis. A abertura econômica da China está trazendo para esse mercado cerca de 1 bilhão de potenciais consumidores, cujos desejos e necessidades terão que ser pesquisados e atendidos. É uma revolução. Estabeleceu-se uma nova ordem, com grandes oportunidades para os que souberem aproveitá-las.

Veja-se, por exemplo, a tendência à formação de blocos econômicos, como a União Europeia, o Nafta e o Mercosul. Num primeiro momento os acordos favorecem os países diretamente envolvidos, criando oportunidades de mercado antes inexistentes para as suas empresas. Numa segunda etapa verificamos um movimento de aglutinação desses blocos, aumentando ainda mais as possibilidades de troca. Há quem aponte os possíveis prejuízos do processo de globalização para os países em desenvolvimento, criticando os modelos de concentração de riqueza e a assimetria de capacidade de competição. Esses fatores, no entanto, não devem impedir o sucesso de empresas capacitadas e orientadas para o mercado.

O curso recente da história nos coloca diante do que poderá se constituir numa nova fronteira de oportunidades. A guerra movida em 2003 pelos Estados Unidos e a Grã-Bretanha (com o apoio de outros aliados) contra o Iraque, que resultou na derrubada do regime político vigente naquele país árabe, poderá reincorporar milhões de consumidores que estiveram à margem do mercado mundial por pelo menos uma década. As empresas proativas certamente saberão aproveitar essas novas oportunidades.

Do ponto de vista da empresa, a vantagem de atuar globalmente é poder contrabalançar os efeitos conjunturais negativos numa região com os efeitos positivos em outra, garantindo assim maior estabilidade operacional.

Houve um tempo em que as empresas pensaram e agiram globalmente. A evolução levou-as a pensar globalmente e agir localmente. Hoje, com o foco no mercado, até mesmo as empresas globais pensam e agem localmente. A palavra de ordem é customização, cabendo aí uma forte atuação do marketing de relacionamento. Assim, as empresas globais adotam estratégias mundiais que se adaptam à realidade local, respeitando as disparidades culturais.

Se no passado recente a aquisição ou fusão de empresas multinacionais parecia ser o único caminho para a sobrevivência, hoje o que se observa é um movimento que engloba várias modalidades de parceria entre atores globais e empresas locais que detenham *expertise* em suas áreas de atuação.

Portanto, o foco no mercado determina a forma de atuação. Dependendo do ramo de atividade, as empresas têm a opção de trabalhar com fornecedores tanto locais quanto distantes. Se o mercado a ser atendido for global, como no caso de companhias aéreas internacionais e das empresas de petróleo, os fornecedores podem estar em qualquer parte do mundo. Se o mercado tiver características regionais, faz-se necessária a customização e, com ela, a busca de fornecedores locais.

O marketing e a tecnologia

Os avanços tecnológicos têm alterado hábitos, influenciando fortemente o comportamento do consumidor, e isso se reflete também no marketing, que, atento à evolução do mercado, busca aproveitar as oportunidades.

A internet, como já tivemos oportunidade de afirmar, está redesenhando as práticas de administração e marketing, já que algumas delas não têm mais a mesma importância. O mesmo se aplica à telefonia celular. Além de todos os serviços colocados à disposição do consumidor, hoje é possível saber por que área da cidade o assinante está passando num dado momento e enviar-lhe uma mensagem de um fornecedor interessado, estabelecido nas imediações. Sabemos que esse tipo de ação só é eficaz com o consentimento do destinatário, mas suponhamos que essa permissão tenha sido dada a uma rede de lojas de aluguel de artigos esportivos. Ao verificar que o cliente cadastrado está próximo a uma loja da rede, a empresa de telefonia pode enviar-lhe uma mensagem anunciando os novos lançamentos dentro do estilo de sua preferência e informando também o endereço da loja. É o marketing de relacionamento através da telefonia móvel.

O mesmo tipo de ação será possível através dos computadores portáteis, à medida que a internet móvel se expandir no Brasil. Em breve os atuais PCs estarão operando por comando de voz, a identificação do usuário se fará por leitura da íris ou das impressões digitais, em vez de senha, e os bancos de dados serão facilmente compartilhados, entre outros avanços.

A tendência é que uma pessoa que venha a se acidentar na rua, por exemplo, possa usar seu *hand held* para solicitar socorro ao seu seguro-saúde, que, sabendo exatamente onde ela se acha (via satélite), tomará as medidas necessárias ao seu pronto atendimento ou, se for o caso, internação na instituição mais conveniente. O prontuário médico receberá todas as informações anteriores do acidentado por transferência de dados, não importando onde ele esteja. Não é mesmo uma nova realidade? Já imaginou os desafios para o marketing? E o melhor é que teremos a oportunidade de participar da construção do futuro.

Conclusão

Apresentamos aqui os principais conceitos do marketing e uma visão panorâmica de suas aplicações, procurando familiarizar o leitor com as modernas técnicas utilizadas nessa área. Para tanto recorremos, sempre que possível, a exemplos tirados da realidade empresarial brasileira.

Descrevemos a evolução dos mercados ao longo da história e mostramos a multidisciplinaridade do marketing, enfatizando suas dimensões psicológica, sociológica, antropológica, histórica, econômica e administrativa.

Vimos que a análise dos diversos fatores que infuenciam os elementos do marketing pode conduzir a melhores práticas nos diversos níveis de gestão, e quão importante é o processo de planejamento para a implementação de ações de marketing.

Quais as possibilidades de planejamento, implementação, ajuste e controle dos resultados das ações estratégicas? Quais as implicações do posicionamento e da segmentação de mercado no *mix* de marketing? Essas e outras perguntas devem fazer parte do seu dia a dia a partir de agora.

Pudemos comprovar a importância da sistematização das informações para a evolução do gerenciamento de marketing num cenário em que a concorrência é cada vez mais acirrada e os consumidores se mostram cada vez mais exigentes e bem-informados.

Por fim, procuramos mostrar as novas tendências do mercado no Brasil e no mundo, bem como suas consequências para a revisão dos conceitos e práticas do marketing.

Referências

AAKER, D.; DAY, G.; KUMAR, V. *Pesquisa de marketing*. São Paulo: Atlas, 2001.

BERRY, Leonard; PARASURAMAN, A. *Serviços de marketing*: competindo através da qualidade. 3. ed. São Paulo: Maltese, 1995.

BOONE, Louis E.; KURTZ, David L. *Marketing contemporâneo*. 8. ed. Rio de Janeiro: LTC, 1998.

CALDEIRA, Jorge. *Mauá, empresário do Império*. São Paulo: Companhia. das Letras, 1994.

CARVALHO, F. A.; CHI, B. T. Granting credit by direct marketing: a study of response-related variables in Brazil. *Balas Proceedings*, 1991. p. 33-38.

DMA. USA, 2002. Disponível em: <www.the-dma.org>. Acesso em: 25 mar. 2003.

ETZEL, M. J.; WALKER, B. J.; STANTON, W. J. *Marketing*. São Paulo: Makron Books, 2001.

FERRAZ, J. C.; KUPFER, D.; HAGUENAUER, L. *Made in Brazil*: desafios competitivos para a indústria. Rio de Janeiro: Campus, 1996.

FERRELL, O. et al. *Estratégia de marketing*. São Paulo: Atlas, 2000.

FURTADO, Celso. *Formação econômica do Brasil*. 27. ed. São Paulo: Nacional, 1998.

GONÇALVES, Carlos Alberto; JAMIL, George Leal; TAVARES, Wolmer Ricardo. *Marketing de relacionamento — database marketing*: uma estratégia para adaptação em mercados competitivos. Rio de Janeiro: Axcel Books, 2002.

GRÖNROOS, Christian. *Marketing*: gerenciamento e serviços — a competição por serviços na hora da verdade. Rio de Janeiro: Campus, 1995.

HOOLEY, G.; PIERCY, N.; SAUNDERS, J. *Estratégia de marketing e posicionamento competitivo*. São Paulo: Prentice Hall, 2001.

KARSAKLIAN, Eliane. *Comportamento do consumidor*. São Paulo: Atlas, 2000.

KEITH, Robert. The marketing revolution. *Journal of Marketing*, Jan. 1960.

KOTLER, P. *Administração de marketing*: a edição do novo milênio. São Paulo: Prentice Hall, 2000.

_____. *Marketing de A a Z*. Rio de Janeiro: Campus, 2003.

_____; ARMSTRONG, G. *Princípios de marketing*. Rio de Janeiro: Prentice Hall, 1998.

_____; _____. *Princípios de marketing*. 7. ed. Rio de Janeiro: LTC, 1999.

_____; _____. *Introdução ao marketing*. Rio de Janeiro: LTC, 2000.

_____; KELLER, K. L. *Administração de marketing*. 12. ed. São Paulo: Pearson Prentice Hall, 2006.

_____; SINGH, R. Marketing warfare in the 1980's. *Journal of Business Strategy*, p. 30-41 Winter 1981.

KRUGMAN, Paul. *A crise de 2008 e a economia da depressão*. Rio de Janeiro: Elsevier, 2009.

LEVITT, Theodore. Marketing myopia. *Harvard Business Review*, Sept./Oct. 1975.

_____. *A imaginação de marketing*. São Paulo: Atlas, 1990.

MADRUGA, Roberto. *Implantação de CRM para viabilizar o marketing de relacionamento*. Dissertação (Mestrado) — Ebape/Fundação Getulio Vargas, Rio de Janeiro, 2002.

______. *Guia de implementação de marketing de relacionamento e CRM*. São Paulo: Atlas, 2004.

______. *Call centers de alta performance*. São Paulo: Atlas, 2008.

MCKENNA, Regis. *Competindo em tempo real*: estratégias vencedoras para a era do cliente nunca satisfeito. Rio de Janeiro: Campus, 1998.

MINTZBERG, H.; AHLSTRAND, B.; LAMPEL, J. *Safári de estratégia*: um roteiro pela selva do planejamento estratégico. Porto Alegre: Bookman, 2000.

MOTTA, Fernando C. P. *Teoria das organizações, evolução e crítica*. São Paulo: Pioneira, 1986.

NASH, Ed. *Database marketing*: uma ferramenta atual e decisiva do marketing. São Paulo: Makron Books, 1994.

NICKELS, William G.; WOOD, Marian B. *Marketing*: relacionamentos, qualidade, valor. Rio de Janeiro: LTC, 1999.

NOVAIS, Fernando A. *Portugal e Brasil na crise do antigo sistema colonial*. São Paulo: Hucitec, 1979.

NUCCI, João P. C de consumo. *IstoÉ*, São Paulo, n. 1744, p. 58-59, 5 mar. 2003.

PORTER, M. E. *Estratégia competitiva*. Rio de Janeiro: Campus, 1986.

PRADO Jr., Caio. *História econômica do Brasil*. 44. ed. São Paulo: Brasiliense, 2000.

RAPP, Stan; COLLINS, Tom. *A 5ª geração do marketing*. São Paulo: McGraw-Hill, 1991.

ROCHA, Ângela da; CHRISTENSEN, C. *Marketing*: teoria e prática no Brasil. 2. ed. São Paulo: Atlas, 1999.

SCHIFFMAN, Leon; KANUK, Leslie. *Comportamento do consumidor.* Rio de Janeiro: LTC, 1997.

SEMENIK, Richard J.; BAMOSSY, Gary J. *Princípios de marketing*: uma perspectiva global. São Paulo: Makron Books, 1995.

SIMÕES, Marcos L. *O Brasil e a questão do desemprego*: algumas reflexões. Dissertação (Mestrado) — Coppead/UFRJ, Rio de Janeiro, 1998.

______; BRAGA, Celso F. O homem e a organização: algumas reflexões. In: CONGRESSO DE ADMINISTRAÇÃO, 6. *Anais*... Rio de Janeiro: Coppead/UFRJ, 1996. p. 232-250.

URDAN, F.; URDAN, A. *Gestão do composto de marketing*. 3. ed. São Paulo: Atlas, 2009.

WEBER, Max. *A ética protestante e o espírito do capitalismo*. 5. ed. São Paulo: Pioneira, 1987.

YOURDON, Ed. *Análise estruturada moderna*. Rio de Janeiro: Campus, 1989.

Os autores

Roberto Pessoa Madruga

Mestre em gestão empresarial pela Fundação Getulio Vargas, pós-graduado em marketing pela PUC-Rio e em educação a distância pelo Senac. Graduado em *design* pela Uerj. Professor convidado do curso de MBA em Marketing, Vendas e Gestão Empresarial do FGV Management. Homenageado pelo mercado, tendo conquistado o Prêmio ABT com o livro *Gestão moderna de call centers* e o Prêmio Nacional de Telesserviços, em 2009, com o livro *Call centers de alta performance*, ambos escolhidos como melhores publicações do setor. Conquistou também, com o Projeto de Monitoria de Qualidade de Atendimento Baseada na Experiência do Cliente, o Prêmio Nacional de Telesserviços, em 2009.

Ben Thion Chi

Mestre em administração de empresas pelo Coppead/UFRJ. Engenheiro civil pela UFRJ. Professor convidado dos cursos de MBA em Marketing e Gestão Empresarial do FGV Management. Autor de diversos artigos em publicações nacionais e internacionais.

Marcos Licínio da Costa Simões

Mestre em administração de empresas pelo Coppead/UFRJ. Engenheiro metalúrgico pela UFRJ. Professor convidado dos cursos de MBA em Marketing e Gestão Empresarial do FGV Management. Ex-executivo de grupos como CSN, ThyssenKrupp, White Martins e Petrobras.

Ricardo Franco Teixeira

Mestre em sistemas de gestão pela Universidade Federal Fluminense (UFF) e especialista em management pela Fundação Getulio Vargas (EPGE/FGV). Graduado em engenharia civil pela Universidade Federal da Bahia (UFBA) e em administração de empresas pela Universidade Salvador (Unifacs). Professor convidado do FGV Management. É também palestrante, abordando temas ligados a planejamento estratégico e marketing para plateias corporativas.

Este livro foi impresso nas oficinas gráficas da Editora Vozes Ltda.,
Rua Frei Luís, 100 – Petrópolis, RJ.